Consiga un trabajo hoy

Otros libros de la Serie Esperanza
(También pueden encontrarse en inglés)

Compre su casa ahora

Hay una respuesta

Obtenga la ciudadanía americana
para usted y su familia

Repare su crédito hoy

Serie Esperanza

Consiga un trabajo hoy

Rdo. Luis Cortés Jr.

En colaboración con Karin Price Mueller

ATRIA BOOKS

NEW YORK LONDON TORONTO SYDNEY

ATRIA BOOKS

1230 Avenue of the Americas
New York, NY 10020

ISBN-13: 978-0-7432-8807-1
ISBN-10: 0-7432-8807-6

Primera edición en rústica de Atria Books, mayo 2007

1 3 5 7 9 10 8 6 4 2

ATRIA BOOKS es un sello editorial registrado de Simon & Schuster, Inc.

Impreso en los Estados Unidos de América

Para obtener información respecto a descuentos especiales en ventas al por mayor,
diríjase a *Simon & Schuster Special Sales* al 1-800-456-6798 o
a la siguiente dirección electrónica: business@simonandschuster.com.

Aviso al lector

Le brindamos muestras de hojas de vida y de cartas de presentación en inglés y en español. Aunque el solicitar un empleo en Estados Unidos le exigirá presentar estos documentos en inglés, las versiones en español aparecen aquí como referencia.

Índice

Introducción

¡Está listo! Está listo para comenzar a buscar un nuevo empleo. Lo felicito por haber escogido este libro, ya que se necesita bastante energía y valor para encontrar el empleo que necesita. El proceso de encontrar un empleo no es complicado, pero sí exige dos cosas de usted de principio a fin: firmeza y perseverancia. La firmeza consiste en cerciorarse de que se prepare lo mejor que pueda, poniendo un cien por ciento de su esfuerzo en la búsqueda del trabajo. La perseverancia es la convicción de que existe un trabajo que es para usted, aunque no pueda encontrarlo enseguida, y hacerse a la idea que podría tener que agotarse antes de encontrar el trabajo que mejor le convenga. Ha comenzado su indagación correctamente con la lectura de este libro y no importa cuán difícil pueda ser su búsqueda, este libro se propone ayudarlo a lo largo de todo el camino.

Si sigue los pasos de este libro se le hará más fácil encontrar trabajo. Si aplica su firmeza y su perseverancia a su indagación, aumentará sus oportunidades de encontrar un empleo o de mejorar el que tiene. Hay un asunto de importancia respecto al empleo que querría que usted considerara: es una de las cosas más importantes que hará con su tiempo, pero no debería definirlo, y ciertamente no lo define, como persona o ser humano. Quienes somos es más importante que lo que hacemos. Debemos entender que todos somos creados a imagen de Dios, seres con la capacidad de crear, de cambiar y de mejorar, no sólo a nosotros mismos, sino también a nuestro entorno. En el Génesis, el primer libro de la Biblia, se nos dice que Dios trabajó seis días en la creación del mundo y después descansó. Luego, ser creados a la imagen de Dios consiste en comprender que también somos llamados a crear con nuestro trabajo y que hemos de descansar y recordar quién es nuestro creador. Todos tenemos una vocación, una misión en que Dios quiere que nos destaquemos. Debería entender que su trabajo podría no ser su vocación. Nuestro trabajo podría ser lo que hacemos para subsistir, pero no lo que hacemos para cumplir nuestra misión o realizar nuestra creatividad. Por ejemplo, Jesucristo fue carpintero. Trabajó la carpintería y ése era el modo en que se ganaba el sustento como hombre. Sin embargo, no lo recordamos tanto por esta labor, su trabajo «remunerado» de carpintero, sino por su vocación, su misión, que fue la de ministrar a las personas de manera que pudieran reconocer a su Padre, el creador de todo lo que ha sido hecho, en su imagen. El trabajo nos permite realizarnos como seres humanos; Dios concibió nuestro mundo con el concepto del trabajo, labor que significa para nosotros explorar y experimentar. En el Génesis, Dios nos dice que tenemos que vivir de nuestro trabajo: «ganarás el pan con el sudor de tu frente», ese trabajo es una responsabilidad y debemos abordar nuestro trabajo con confianza, dignidad y la convicción de que, al trabajar, reflejamos la imagen de Dios.

Esa convicción de que reflejamos la imagen de Dios exige de nosotros que nos desempeñemos a nuestra mayor capacidad mientras estamos trabajando. En todas y cada una de nuestras jornadas laborales nuestra oración debe ser que podamos honrar a Dios con nuestro quehacer y que otros puedan ver que merecemos la oportunidad que tenemos. En la actualidad, cometemos el error de valorar demasiado a una persona por el pago que recibe por su trabajo. En la Biblia se nos dice que Cristo le respondió al tentador: «no tan sólo de pan vive el hombre», no debemos de ser evaluados solamente en dinero, la Biblia no habla de dólares. Dios nos evalúa por el servicio que le brindamos a los demás, si somos amorosos con nuestros prójimos, si alimentamos al hambriento, vestimos al desnudo, visitamos a los presos o a los enfermos. Es por el servicio a nuestros semejantes que hemos de ser juzgados y no por la paga semanal que recibimos. La riqueza es un medio para servir a otros, y no obstante vivimos en una sociedad donde esa actitud apenas se aprecia. No nos concentremos en hacer cada vez más y más dinero, en acumular cada vez más riqueza, al costo de perder la oportunidad de ayudar a otros. Los límites entre la riqueza en demasía y de cómo su riqueza ha de invertirse es tema de meditación y estudio que creo debe ser parte de su vida espiritual. La vocación y la misión son partes de la agenda de este libro en que a veces su trabajo y su vocación pueden ser idénticos.

Es importante que mientras busca trabajo mantenga la actitud mental correcta. Recomiendo que contemple comenzar su búsqueda de empleo meditando en lo que a Dios le gustaría que usted fuera e hiciera. ¿Hay una vocación o un llamado que sean particulares en lo profundo de su conciencia? ¿Hay un impulso misionero a servir a los necesitados? Ésos son llamados especiales que exigen mucha reflexión y, en alguna medida, el apoyo y la orientación de personas que ya están dedicadas al servicio de los demás. Independientemente del tipo de vocación o del tipo de necesidad, este libro lo ayudará a avanzar en la dirección correcta.

No caiga en la trampa de que cualquier trabajo es bueno. No todo quehacer es ético. El trabajo ético es un modo aceptable de ganarse la vida conforme a la ley y a su conciencia. Hay trabajos que son legales, pero su conciencia le dice que no son buenos. Si su conciencia lo alerta de que algo anda mal: ¡escúchela! No acepte un empleo que no sea ético, aunque sea legal. Un ejemplo de esto es la industria de la pornografía en Estados Unidos. Si bien muchos aspectos de esa industria son legales y están protegidos por las leyes norteamericanas, es en último término una profesión o industria que degrada a las mujeres y abusa de lo que Dios se propone que sea la sexualidad. Aunque un empleo en esta industria es legal, no es ni vocacional ni misional y, con toda probabilidad, debe evitarse.

Se ha sugerido que el trabajo es «el gasto de energía (manual, mental o ambas) en el servicio de los demás, que le aporta realización a quien lo hace, beneficio a la comunidad y gloria a Dios».* Ésta es la manera en que un conserje, que muchas veces puede sentirse subestimado o menospreciado en el ambiente de una oficina empresarial, puede asumir y asume su concepto del trabajo. Limpiar una oficina es

---

* John Stoot, *Issues Facing Christians Today,* p. 163

la manera que tienen los conserjes de gastar su energía en el servicio de los demás, y si hacen esa tarea con orgullo y diligencia contribuyen a su realización personal y el beneficio a la comunidad es evidente. En la búsqueda de la excelencia de parte de los conserjes en su trabajo y en el empleo positivo del ingreso ganado por su labor, Dios es glorificado. El hacer estas conexiones puede mantenernos en alto la moral mientras trabajamos, aun si otros juzgan nuestros quehaceres como insignificantes.

Usted está hecho a la imagen de Dios. Independientemente de cuánto tiempo pueda llevarle, encontrará un trabajo si es firme y perseverante. Su primer empleo puede ser el primer escalón de su carrera, pero significa un progreso. Dios está con nosotros para que no nos inquietemos. Vuelva la página y dé su primer paso para encontrar trabajo.

Consiga un trabajo hoy

CAPÍTULO 1

Lo que un trabajo puede hacer por usted

Un empleo no lo es todo, pero puede darle lo que necesita para hacer su vida más placentera, cómoda y satisfactoria. Despertarse todas las mañanas y tener una misión, y esa misión, lo mismo si es empleado de una oficina, obrero calificado, recogedor de basura, camarero o técnico de computadoras, debe acercarle al logro de los objetivos de su vida. Un trabajo, y un salario, le permitirán sostenerse económicamente y sostener a sus seres queridos. Le reportarán una ganancia de dinero que llevará el sustento a su mesa y le cubrirá las espaldas a sus hijos. Puede recibir beneficios de su empleo, tales como el seguro de salud, que le permitirán atender mejor el bienestar de su familia. Tendrá la oportunidad de reservar dinero para metas futuras, como la de comprarse su casa propia o la de enviar a sus hijos a la universidad. Tener trabajo es la clave para un futuro mejor.

Pero un empleo no se trata tan sólo de recibir un salario. Se trata del respeto por uno mismo y del desarrollo emocional. Ser un miembro empleado de una sociedad le brinda una oportunidad de que el desempleado carece: será respetado como un miembro responsable de la sociedad que puede contribuir a la comunidad a través del trabajo que realiza cada día.

Un empleo es una extraordinaria experiencia de aprendizaje. Su trabajo podría enseñarle nuevas destrezas que pueden darle acceso a nuevas oportunidades. Por supuesto, debe aprender a desempeñar los deberes que su trabajo exige, pero aún puede ir más lejos, aprender más. Puede presenciar la manera en que funciona una compañía o una empresa; puede presenciar el funcionamiento de otros trabajos que le gustaría explorar. En el ínterin, conocerá a personas que observarán el trabajo que hace y, en dependencia a cuán bien lo realice, pueden decidir ayudarle a dar el siguiente paso. Puede incluso aprender pericias que lo capacitarán para establecer su propio negocio, si eso fuera su objetivo. Cualquier empleo que elija, es importante enorgullecerse del trabajo que haga. Su actitud se reflejará en lo bien que podrá ser su desempeño y lo definirá como un empleado con futuro.

Establezca sus propias metas

No todos los empleos le convienen a todas las personas. Antes de comenzar su búsqueda, debe decidir qué clase de empleo quiere y para que clase de empleo está preparado. Tal vez siempre ha querido ser un comprador de ropa para una tienda por departamentos, alguien que escoge las últimas modas que se venden en las tiendas, pero nunca ha trabajado en la industria de la ropa. Sin tener experiencia, no puede simplemente entrar en una tienda y decir que quiere ser su comprador. Si solicita una plaza de comparador de ropa, probablemente será rechazado, no porque no sea capaz, sino por no poder comprobar que usted puede hacer el trabajo. Carece del tipo de experiencia necesaria.

Su primer paso es ser realista acerca de sus propias destrezas y experiencia y solicitar empleos para los cuales está capacitado o capacitada. Las metas realistas son el camino del éxito.

Eso no significa que no pueda superarse y esforzarse en llegar a la cima. Sólo que no espere empezar por ahí. Muchos jefes de compañías comenzaron por el escalón más bajo y fueron aprendiendo según trabajaban. Muchos dueños de restaurantes empezaron de ayudantes de mozo o de meseras. Editores de periódicos que comenzaron como repartidores o prensistas. Y compradores de ropa que empezaron de dependientes.

Al intentar decidir qué tipo de trabajo busca, debe entrar a considerar primero lo siguiente:

- **¿Qué lo hace feliz?** Si no se siente cómodo hablando con extraños, el servicio al cliente o el telemercadeo pueden no ser para usted. Pero si le gustan los niños, podría contemplar la posibilidad de trabajar en una guardería infantil. Si siente afinidad por la comida exquisita, un restaurante gourmet puede ser una elección perfecta. Puede estar preparado para muchos empleos que no le gustan, pero si puede encontrar un centro de trabajo que le paga por hacer algo que le encanta, será más feliz en su trabajo y será un mejor empleado.

- **¿Cuándo necesita trabajar?** Algunos trabajos son regulares, desde las 9 A.M. hasta las 5 P.M. Otros empleos exigen que trabaje los fines de semana, o por la noche, y los de horario rotativo puede que no se ajusten a su estilo de vida. Si tiene hijos de edad escolar, puede que sólo esté dispuesto a trabajar cuando ellos están en la escuela. Si ése es el caso, trabajar en un hospital, donde los pacientes deben ser atendidos día y noche, puede no ser para usted. Si no tiene niños, o si tiene un compañero o compañera u otros miembros de la familia dispuestos a cuidarle sus hijos, puede que no necesite estar en casa de noche. Los empleos fuera del horario regular podrían muy bien ajustarse a su estilo de vida.

- **¿Qué tipo de ambiente le gusta?** Diferentes empleos exigen diferentes niveles de profesionalismo, e incluso de seriedad. Los trabajos de ventas al menudeo en establecimientos muy concurridos le permitirán conocer a mucha gente. Ser amistoso y tener una personalidad extrovertida sería una ventaja en un lugar como ése. O si busca trabajo de oficina, puede estar sentado ante un escritorio durante todo el día frente a la pantalla de una computadora sin tener mucha gente con quien hablar. Algunos empleos exigen vestirse formalmente, mientras otros admiten un atuendo más informal. Debería elegir un empleo con un ambiente que le acomode.

- **¿Qué aspira para el futuro?** Olvídese del pasado. No diga, «¿qué habría pasado si…?» ¿Qué habría pasado si no hubiera abandonado la escuela? ¿Qué habría pasado si hubiera tomado ese trabajo hace diez años? ¿Qué habría pasado si hubiera esperado más tiempo antes de tener hijos? El pasado es el pasado, y mirar hacia atrás no es lo que importa ahora, sino mirar adelante, hacia el futuro y hacia donde usted quiere ir. Aun si tiene poca o ninguna experiencia en el mundo laboral, tiene muchas destrezas valiosas, y puede usarlas para encontrar su próximo empleo, que puede ponerle en el camino de hacer una carrera a largo plazo. Podría empezar en la plaza más inferior y esforzarse en ascender hasta alcanzar el puesto más prestigioso y de mayor nivel. Si ambiciona un puesto de alto nivel, contemple la posibilidad de comenzar con un trabajo que lo ayude a adquirir las destrezas que necesitará para avanzar hasta el siguiente nivel.

Y lo más importante, recuerde que no tiene que quedarse en ningún trabajo para siempre. Si no le gusta el empleo o la empresa que ha escogido, no tendría por qué permanecer allí. La mayoría de la gente cambia de carreras varias veces a lo largo de sus vidas. Si el empleo que ha conseguido no funciona, siempre puede buscar otra cosa que se avenga más a sus intereses, sus aspiraciones y sus destrezas. En el Capítulo 3 abundaremos respecto al modo de escoger el mejor trabajo para usted.

¿Qué estoy dispuesto a hacer por un empleo?

Todo trabajo exige respeto. Aun aquellos empleos que podría considerarse poco atractivos desempeñan un importante servicio para alguien, o para algo, en la sociedad. Piense en algunas de las labores con que mucha gente no sueña, tales como la de trabajar en el departamento de sanidad de su municipio. Su primera impresión podría ser que se trata de un trabajo sucio y repugnante, pero conlleva grandes beneficios. Muchos empleos municipales ofrecen planes de pensión (que le pagarán cuando se haya jubilado luego de trabajar durante cierto número de años), y con frecuencia ofrecen otros beneficios, tales como seguro de salud y seguro de vida. Y estos trabajadores realizan un servicio esencial. Mantienen nuestras calles limpias y libran a nuestros vecindarios de basura. Sin ellos, la vida sería en verdad muy desagradable.

Pensar que un empelo despachando comida o en la construcción no está a su nivel tiene poco que ver con el trabajo mismo. Tiene más que ver con lo que busca en el trabajo. Muchas camareras y obreros de la construcción han progresado en sus puestos y ahora son dueñas de restaurantes o famosos constructores. Si decide hacer su meta de algo así, puede tomar cualquier trabajo y convertirlo en una oportunidad de progresar.

De manera que si bien puede tener preferencias laborales, debería tratar de sentir que nada está por debajo de usted. Pocas personas son tan talentosas o irremplazables que no tengan que hacer algunas concesiones cuando toman un nuevo empleo. Lo más importante respecto a un trabajo difiere de un individuo a otro. Debe establecer sus propias prioridades para que pueda buscar un puesto que ofrezca mucho de lo que quiere, sin imponerse extraordinarias privaciones ni hacer demasiadas concesiones. He aquí algunos puntos a considerar:

- ❏ ¿Cuánto dinero debe ganar para sostenerse y, de ser posible, sostener a su familia? Todos queremos recibir un buen salario, pero ¿cuál es el mínimo que necesita para cubrir sus gastos?
- ❏ ¿Necesita un empleo que ofrezca seguro de salud? Tal vez podría desistir de un salario más alto a cambio de este beneficio.
- ❏ ¿Está dispuesto a trabajar tan sólo durante ciertas horas?
- ❏ ¿Está dispuesto a viajar para llegar a su trabajo?
- ❏ ¿Hay algunos empleos hacia los cuales siente una aversión moral? Por ejemplo, ha tenido malas experiencias con las bebidas alcohólicas en el pasado, o alguien cercano ha muerto en un accidente mientras conducía en estado de embriaguez, o sus convicciones religiosas le dictan que trabajar en un bar o en una licorería sería una mala elección.
- ❏ ¿Quiere que le den una oportunidad dentro de determinada industria? Si sabe cuál sería su trabajo ideal, ¿aceptaría un puesto de inferior categoría en esa empresa para encaminarse en ese giro?

Haga una lista, de manera que mientras busca trabajo, pueda tener presente estas prioridades. He aquí algunos ejemplos:

¿Qué debe tener este empleo?	¿Qué quiero?	¿Qué no quiero?
Un salario de $25.000 al año Horario diurno	Seguro de salud Jubilación	Trabajar con animales, horario nocturno o de fines de semana, Un puesto de oficina.

Cuando lea los anuncios de solicitudes de empleo («*help wanted*») o contemple solicitar ciertas plazas, puede remitirse a su lista para cerciorarse de que el empleo que está considerando le ofrece lo que necesita, algo de lo que quiere y nada de lo que no quiere. Si no se siente satisfecho con el empleo que tiene ahora, o si está dispuesto a emprender una nueva aventura incorporándose al mundo laboral, puede conseguir un puesto que sea idóneo para usted y su estilo de vida.

Exploremos cómo puede llegar a saber qué clase de oportunidades le esperan y cómo puede encontrarlas.

CAPÍTULO 2

Conozca su mercado

Cuando va a comprar un pollo, no entra en un salón de belleza. Si necesita pasta dentífrica, no se dirige a la tienda donde alquilan vídeos, de lo contrario estaría perdiendo su tiempo. Con la misma lógica debe considerar su búsqueda de empleo. Sería ineficaz empezar a visitar, sin tener ninguna cita, tiendas, empresas u otros empleadores potenciales para preguntarles si querrían contratarlo. Ahórrese un montón de tiempo y esfuerzo antes de hacer alguna indagación.

El mercado laboral en la actualidad

Todas las áreas empresariales necesitan empleados. Las gasolineras, las firmas de relaciones públicas y las zapaterías deben tener empleados para que el negocio funcione. Pero hay ciertas industrias que están creciendo hoy día con gran celeridad, y necesitan cubrir trabajos específicos. Eso podría significar una oportunidad para usted. Según el Buró de Estadísticas del Trabajo (BLS, sigla en inglés) la agencia gubernamental que registra las estadísticas relacionadas con el empleo en Estados Unidos, se espera que algunas ocupaciones tengan una notable demanda en los próximos cinco años, particularmente en el campo de la industria del cuidado de la salud donde se predice el mayor desarrollo. La generación nacida poco más o menos en el decenio que siguió a la segunda guerra mundial (a la que en los Estados Unidos se le llama de los *baby boomers*) está empezando a envejecer y necesitan, y se espera que necesiten, más atención médica y servicios para el cuidado de las personas mayores, tales como enfermería domiciliaria, auxiliares clínicos, asistentes de médicos, técnicos de archivos e información médica y fisioterapeutas.

El cuidado infantil también es un mercado en expansión en este país. Cada vez aumenta más el número de familias en que ambos padres trabajan, o de una madre o un padre soltero que trabaja, y un creciente número de familias tienen hijos. El BLS espera que los servicios de cuidado infantil aumenten en un 43 por ciento para el 2012.

Para más información sobre las industrias de más rápido crecimiento en la actualidad, y qué clase de destrezas y educación exigen esos empleos, consulte la página web de «travesías vocacionales» (*Career Voyage*) del Departamento del Trabajo (www.careervoy ages.gov) o búsquelo en el enlace del sitio Esperanza USA (www.espe ranza.us).

Dónde empezar a buscar

Aunque es posible, suele ser improbable que un empleo salga a su encuentro. Usted lo tiene que buscar. Hay muchas maneras de encontrar empleo, he aquí algunos de los sitios en que puede buscar:

LA INTERNET

Puede encontrar realmente millones de anuncios de empleos en la Internet.

Incluso si no tiene una computadora, puede llegar a tener acceso a una. Su familia o sus amigos, la biblioteca local, incluso la escuela de su hijo pueden darle acceso a sus computadoras. Esto es muy importante en su búsqueda de trabajo.

Uno de los medios en la Red, el Departamento del Trabajo (DOL, sigla en inglés) que auspicia *Career One-Stop,* que lo remite a un sitio *One-Stop* en su vecindad donde encontrará asesores laborales que pueden ofrecerle ayuda con su hoja de vida y otros servicios gratuitos (www.careeronestop.org). También puede llamar al 1-877-US-2JOBS para obtener más información.

Buscar un empleo en la Internet puede ser muy sencillo. Muchos empleos que se anuncian en la Red le permiten buscar en determinados campos por los nombres de ciertos empleos y por la zona geográfica. También brindan información sobre la compañía que ofrece el contrato, de modo que puede hacer toda su indagación de una sola vez. También puede hacer su solicitud por Internet y enviar su hoja de vida por correo electrónico o directamente a través de la compañía.

Muchos sitios de la Red que anuncian empleos ofrecen también un servicio para colocar su hoja de vida. En lugar de ponerse a buscar a través de docenas, incluso centenares de avisos, puede poner su hoja de vida en el sitio. Los patronos que andan en busca de empleados van al archivo de hojas de vida del sitio, y buscan allí personas que pudieran ajustarse a los requisitos que exige el trabajo.

Además, con frecuencia estos sitios tienen servicios de correo electrónico que le permiten inscribirse para que le notifiquen de empleos que pudieran ajustarse a sus criterios. Hay centenares de páginas web que anuncian empleos. Algunas son muy amplias, e incluyen trabajos en diversos campos, desde restaurantes y ventas al detalle hasta balística y nanotecnología. Algunas páginas son mucho mejores que otras, y algunas sólo incluyen los empleos de ciertas industrias en particular. Si usted estuviera a la caza de un empleo en el campo editorial, podría querer buscar en *mediabistro.com* o *JournalismJobs.com*. Otras páginas son de índole regional. Fíjese qué páginas abarcan todos los tipos de empleo que le interesan.

A continuación incluimos una lista de algunas de las páginas web más extensas y populares en anuncios de colocaciones (también puede encontrar estos enlaces en www.esperanza.us).

❏ Monster (www.monster.com): Éste es uno de los sitios más grandes y populares para la búsqueda de empleo. Puede colocar su hoja de vida y buscar empleo.
❏ Career Builder (www.careerbuilder.com): Esta página glosa anuncios de empleo y listados de periódicos.
❏ America's Job Bank (www.americasjobbank.com): Esta página ofrece

enlaces con otras páginas de empleos estatales y servicios vocacionales. También puede anunciar su hoja de vida.

❏ Hot Jobs (www.hotjobs.com): Puede anunciar su hoja de vida o buscar empleos por giro, localidad y compañía.

❏ Su periódico local: la mayoría de los periódicos comparten sus anuncios clasificados en sus páginas web.

Algunas de estas páginas exigen que se inscriba antes de que pueda hacer una búsqueda o anunciar su hoja de vida. Muchas ofrecen también la posibilidad de suscribirse por el pago de una cuota cuyo monto suele variar, o tienen diferentes niveles de asociación, algunas son gratis, otras no. No tiene que pagar por el listado de empleos, en consecuencia opte por la asociación gratuita.

Cuando se inscriba, cerciórese de no dar ninguna información privada, tal como su número del seguro social. Los sitios legítimos no solicitan ese tipo de información.

Finalmente, una nota sobre confidencialidad: si sólo tiene una dirección electrónica de su actual empleador, no debería usarla para buscar empleo. Búsquese una dirección electrónica gratuita en páginas tales como Yahoo!, AOL o MSN Hotmail. No querría aprovecharse de su actual patrón, ni arriesgarse a que él lo vea recibiendo correos sobre anuncios de empleo.

ANUNCIOS CLASIFICADOS

Los anuncios clasificados, particularmente los de oferta de empleos, se encuentran en los periódicos locales. Puede encontrar empleos de todas clases en la sección de anuncios clasificados de un periódico. El periódico del domingo suele tener la sección más extensa de ofertas de empleo, y algunos diarios ofrecen también, durante la semana, una sección especial dedicada a estos anuncios. Puede encontrar ejemplares de los periódicos en la biblioteca local.

A los empleadores les gusta utilizar estos anuncios porque, a diferencia de los que aparecen en las páginas web, los clasificados tienden a dirigirse a empleados potenciales que viven cerca de la empresa. Si un empleador no quiere pagar por los costos de reubicación de un empleado, puede preferir contratar a personas de la localidad.

Si no puede comprar el periódico todos los días, recuerde que puede visitar la página web del periódico y ver allí diariamente las ofertas de empleo.

AGENCIAS DE EMPLEO

Una agencia de empleo se dedica a cotejar la información de los solicitantes de empleo con las compañías que los necesitan. Encontrará las agencias de empleo listadas en su guía de teléfonos y en la Internet.

Estas compañías no encuentran empleos gratuitamente, de manera que la primera pregunta que debe hacerle es quién paga sus tarifas —si usted o la compañía que contrata— y a cuánto asciende. A veces la compañía pagará la tarifa, pero, en dependencia de las leyes del estado, el costo podría ser compartido por el empleador y el que busca el empleo. En ocasiones, usted solo podría ser el responsable de pagar los costos. Debe saber esto antes de decidir si utiliza los servicios de una agencia de empleo.

La Comisión Federal de Comercio, (o FTC, sigla en inglés) (www.ftc.gov) es una agencia del gobierno federal a cargo de garantizar que las empresas no se aprovechen de los consumidores. En el caso de las agencias de empleo, la FTC vigila que ninguna firma falsifique lo que puede hacer a favor de alguien que busca trabajo, no que cobre excesivamente por sus servicios.

La FTC ofrece, en su página web, estas advertencias sobre las agencias de empleo:

❏ Cuando busque ayuda para encontrar trabajo, es importante entender las diferencias entre los servicios de empleo. Muchos términos, tales como agencia de empleo, servicios de colocación de personal, firma de búsqueda de ejecutivos o servicio de asesoría de ejecutivos se usan indistintamente. Fíjese qué servicios ofrece la empresa, cuánto cuestan esos servicios y quién los paga. Si le exigen pagar una tarifa, averigüe lo que llegaría a deber si el servicio de empleo no lograra conseguirle un empleo o darle algunas pistas.

❑ Sospeche de cualquier agencia de empleo que le prometa conseguirle un trabajo.

❑ Dude de cualquier agencia de empleos que le cobre por adelantado, aun si garantiza reembolso a clientes insatisfechos.

❑ No brinde información por teléfono sobre tarjeta de crédito o cuenta de banco a menos que esté familiarizado con la compañía y esté de acuerdo en pagar por algo. Cualquiera que tenga la información de su cuenta puede usarla para cometer un fraude financiero en su contra.

❑ Obtenga una copia del contrato de la agencia en cuestión y revísela cuidadosamente antes de hacer algún pago. Entienda los términos y condiciones de la política de reembolso de la agencia. Cerciórese de que entiende bien los servicios que la agencia le proporcionará y de lo que usted será responsable. Si se hacen promesas orales que no aparecen en el contrato, piense dos veces antes de hacer negocios con esa agencia.

❑ Tómese su tiempo en revisar el contrato. No se apresure en pagar los servicios. No ceda a la presión de venta que le exige pagar inmediatamente o arriesgarse a perder la oportunidad.

❑ Sea cauto respecto a comprarle a una agencia que rehúsa responder a sus preguntas o le da respuestas evasivas.

❑ Verifique con las oficinas de cualquier compañía u organización que aparezca en un anuncio de un servicio de empleo, para comprobar si la compañía está verdaderamente contratando personal.

❑ Cuídese de las agencias que promueven empleos del gobierno federal que «anteriormente no se habían anunciado». Todas las plazas del gobierno federal se anuncian al público.

❑ Haga verificaciones con su agencia local de protección al consumidor, con la oficina del Fiscal General, y con el *Better Business Bureau* para ver si se ha presentado alguna denuncia contra una compañía con la cual tiene intenciones de hacer negocio.

❏ Además, la ley federal prohíbe usar un número de teléfono gratuito para servicios pagados a números con el prefijo 900. Esto significa que cualquiera que llame a un número de teléfono gratuito, no le pueden cobrar nada por la llamada, y que un número de teléfono gratuito no puede ser transferido o conectado a un número de pago por llamada con el prefijo 900. La ley federal prohíbe también cualquier mensaje telefónico que solicite llamadas a un número con prefijo 900 y no revele el costo de la llamada.

Las agencias de empleo pueden ser herramientas útiles en la búsqueda de trabajo, sólo cerciórese de que nadie intente aprovecharse de usted.

AGENCIAS DE EMPLEOS TEMPORARIOS

Estas agencias ayudan a las compañías a cubrir sus necesidades de empleados temporarios, tales como los que se necesitan para llenar una licencia por maternidad, enfermedad u otras necesidades a corto plazo.

Aun si busca un puesto permanente, trabajar con una agencia temporaria puede permitirle poner un pie en la puerta. Trabajar en un empleo temporario puede ayudarle a conocer a personas importantes de una compañía, para la que podría trabajar de manera permanente. Podría llegar a tener una buena apreciación de lo que sería trabajar de manera permanente para la compañía, y podría ayudarle a decidir si se ajustaría bien a ella. También podría darle un indicio del tipo de destrezas que podría necesitar así como profundizar su aprendizaje sobre esas destrezas durante su empleo temporario. Al igual que las agencias de empleo regulares, algunas agencias de empleos temporarios se especializan en ciertas empresas; así pues revise su guía de teléfonos y haga llamadas para encontrar una agencia que se ajuste a sus destrezas o intereses. También puede inscribirse en más de una agencia, y así podrá encontrar mejor pago y mejores empleos. Cuando el trabajo se haga disponible, lo llamarán y podrá decidir si acepta el empleo o no. Muchas agencias temporarias ofrecen a sus trabajadores adiestramiento en toda clase de cosas desde manejo de computadoras, hasta etiqueta de oficina. Por eso puede valer la pena inscribirse en una agencia de empleos temporarios.

CENTROS DE ORIENTACIÓN VOCACIONAL

Si ha asistido a la universidad, incluso si se ha graduado hace años, aún puede sacarle partido a un centro de orientación vocacional. Si no es graduado universitario, todavía tiene opciones. Si se matricula en una clase como estudiante de tiempo parcial, probablemente tendrá acceso al centro de orientación vocacional y a todo lo que éste ofrece. Pruebe también a llamar a su escuela secundaria para ver si tienen un centro de orientación vocacional que pueda utilizar. Las escuelas de comercio y vocacionales con frecuencia tienen también servicios de orientación vocacional.

Estos centros ofrecen de todo, desde listas de empleos a hojas de vida, preparación de entrevistas y asesoría profesional. Si logra conocer a la gente que trabaja en el centro de orientación vocacional y se enteran de un trabajo que se ajuste a sus calificaciones, se acordarán de usted y le darán una llamada.

Lo mejor de todo es que estos servicios son gratuitos.

CAREER ONE-STOP

Tal como mencionamos anteriormente en este capítulo, el DOL ofrece *Career One-Stop* (www.careeronestop.org o llamar al 1-877-US-2JOBS), que es semejante a un centro de orientación vocacional. Estas oficinas están abiertas para cualquiera que necesite ayuda para encontrar empleo y los servicios son gratuitos. Los asesores laborales le ayudarán a encontrar información sobre empleos, a redactar su hoja de vida así como la carta de presentación, y también le ayudarán a prepararse para la entrevista de trabajo.

FERIAS DE EMPLEO

Las ferias de empleo, también llamadas ferias de carrera, pueden resultar excelentes para los que buscan trabajo. En estos eventos organizados, docenas de empleadores de diferentes tipos de compañías vienen a buscar personas como usted.

Asista a estos eventos con su hoja de vida en mano, y dispuesto a causar una buena impresión. Puede presentarse por sí mismo e informarse sobre la compañía, en tanto los contratantes de ésta pueden conocerlo, y enterarse de lo que usted puede ofrecer. (hablaremos más sobre las destrezas y las entrevistas en el Capítulo 6).

CARTELES DE EMPLEOS

Luego de toda esta plática acerca de los recursos de la Internet, las agencias y las ferias de empleo, responder a un simple cartel podría sonar poco sofisticado. Así es, pero aún puede ser un modo eficaz de encontrar un trabajo.

Cuando una compañía tiene que cubrir una plaza vacante, con frecuencia pone un cartel en la ventana. Mientras deambula por su barrio, al pasar frente a tiendas y empresas, fíjese en esos letreros. Si ve alguno, entre y pregunte sobre el puesto que ofrecen. (Si no está decentemente vestido, o lleva bolsas del mercado o anda con sus hijos, contemple regresar cuando pueda presentarse de la mejor manera. Y lleve su hoja de vida).

Podría lograr ver al jefe enseguida, o podrían indicarle que llenara una solicitud. Aproveche la oportunidad.

CONEXIONES

Las conexiones no son tan complicadas como podrían sonar. Es simplemente usar a las personas que uno conoce para enterarse de oportunidades de empleo. Cuando ande en busca de empleo, debe decírselo a todo el que conozca. A los miembros de su familia, sus amigos, los antiguos empleadores, los dependientes amistosos de una tienda. Nunca sabe quien podría estar al tanto de un empleo disponible que podría ser para usted.

LAS PÁGINAS AMARILLAS

Si anda en busca de un trabajo específico para una compañía específica, vaya directamente a la fuente. Abra su directorio telefónico para indagar por el tipo de compañías que se ajustan a lo que busca y llámelas. Pida que le comuniquen con el departamento de recursos humanos, o si se trata de una compañía pequeña, pida hablar con el propietario o el administrador. Preséntese y explique lo que puede ofrecer como empleado y vea si despierta algún interés. Puede hacer seguimiento con una copia de su hoja de vida, o incluso pregunte si puede ir a hablar con la persona encargada de la contratación.

Lo que los empleadores quieren

Ahora ha visto algunos avisos o anuncios de empleo y cree que estaría interesado en algunas de las plazas disponibles. ¿Pero puede ofrecer lo que piden? Tal vez. En primer lugar cerciórese de que entiende lo que el empleador anda buscando.

En términos generales, los empleadores quieren trabajadores responsables con experiencia en el campo. Si no tiene la experiencia precisa para un trabajo en particular, eso no significa que no tenga una oportunidad. Puede mostrarle a un empleador sus mejores cualidades, y dar pasos para aprender las destrezas específicas que él o ella quieren que usted tenga.

¿QUÉ SIGNIFICA ESTE TRABAJO?

Puede tener una clara comprensión de lo que un empleador quiere cuando el anuncio dice «plomero», «enfermera», o «agente de viajes», pero hay multitud de títulos que resultan un poco difíciles de descifrar, especialmente si es nuevo en el terreno. Si no entiende qué significa el empleo que está solicitando, probablemente no obtendrá muy buena respuesta de un empleador, y estará desperdiciando su tiempo. En lugar de eso, cerciórese de saber lo que solicita. *Monster,* la página web para anunciar empleos (jobprofiles.monster.com) ofrece un gran listado de trabajos y lo que éstos significan, qué educación o destrezas exigen e incluso un panorama del desarrollo de ese giro en la industria. También puede encontrar enlaces con carreras afines.

La página web *Wet Feet* ofrece información parecida sobre empleos, con descripciones detalladas acerca de los requisitos, salarios y demás (www.wetfeet.com/Content/Careers.aspx). Otro medio es *Career Journal* (www.careerjournal.com). Este sitio está concebido para empleos gerenciales y profesionales, y ofrece descripciones laborales, información salarial y tendencias de contratación en el ramo.

¿QUÉ DESTREZAS NECESITO?

La mayoría de los anuncios de empleo son bastante específicos respecto a las destrezas que un empleador o patrón busca en un empleado. Puede encontrarse algunas de estas especificaciones:

❑ Conocedor de Microsoft Word y Excel.
❑ Preferible si tiene una licenciatura o algunos estudios universitarios.
❑ 3 años o más de experiencia en el manejo general en la industria.
❑ Debe tener flexibilidad con las horas y los días laborales.

Los empleadores responden mejor a los solicitantes que ya tienen las destrezas que se necesitan para el trabajo, de manera que debería empezar por aspirar a empleos para los que ya está calificado.

Si hay algo en un anuncio de lo que no esté seguro, indague más. Puede valerse de buscadores de páginas web tales como Google o Yahoo! para obtener más información acerca de las destrezas requeridas en un anuncio. Digamos, por ejemplo, que muchos de los empleos que le interesan exigen conocimiento de Excel. Usted sabe que éste es un programa de computadora, pero no está seguro para qué se usa. Fíjese en la Internet, luego vea si puede encontrar algunos cursos de adiestramiento en su zona. O, cuando solicite el empleo, explique que no domina Excel, pero que aprende con rapidez y, si el empleador está dispuesto a entrenarlo, él o ella no se sentirían decepcionados por los resultados. Cerciórese de que su hoja de vida refleja las destrezas específicas que el empleador dice estar buscando. Eso puede significar que necesita unas cuantas versiones de su hoja de vida si solicita varios tipos diferentes de empleos. (Hablaremos más sobre cómo preparar y redactar una estupenda hoja de vida en el Capítulo 4).

Si no posee ninguna de las destrezas mencionadas en el anuncio, tal vez sea tiempo de que adquiera algún entrenamiento. O si toma al presente alguna clase que le ayudaría con un trabajo específico, hágaselo saber al empleador. Podrían estar dispuestos a contratar a alguien que ya haya tomado la iniciativa de empezar a aprender.

BUENAS CUALIDADES PARA CUALQUIER TRABAJO

Sea cual fuere su experiencia específica, hay numerosas cualidades que prácticamente todos los empleadores quieren para su fuerza laboral. Si sólo tiene algunas de las destrezas requeridas para un empleo en particular, tendrá una mayor oportunidad si puede impresionar favorablemente a su futuro jefe con lo siguiente:

❏ Confiabilidad: Cuando acepte un empleo, prométale a su empleador que llegará a tiempo siempre, a menos que se presentara una emergencia extrema. Convenza a su patrón potencial que puede contar con usted. Para estar seguro de que desempeñará su papel, si es de los que tiene el sueño pesado, tenga dos relojes despertadores, una niñera de repuesto en caso de que le falle la regular y salga para el trabajo temprano para que nunca se quede trabado con el tránsito.

❏ Flexibilidad: Los trabajadores que están dispuestos a aceptar nuevos retos y situaciones cambiantes en su centro laboral resultan muy valiosos. Con demasiada frecuencia, los patronos se enfrentan con trabajadores que están apegados a su «viejo estilo». Demuestre que puede ser flexible, receptivo y complaciente.

❏ Energía: Nadie quiere ver a un empleado cansado y letárgico en el trabajo, o desinteresado en lo que hace. Quieren ver a personas dispuestas a enfrentar con entusiasmo el trabajo del día. Preséntese con una sonrisa en la cara y dispuesto para cualquier cosa que pueda depararle el día.

❏ Talento para comunicarse: Nada es mejor que la comunicación para hacer que un centro de trabajo funcione sin dificultades. Si hay un problema con un cliente o con un compañero de trabajo, o si tiene algunas ideas acerca de cómo mejorar algo en el trabajo, el hablar con inteligencia y con respeto puede impresionar a un jefe. Los empleadores deben saber como marcha su empresa, y cuentan que sus empleados se comuniquen con ellos respecto a asuntos importantes. Usted conplacería a su jefe siendo franco, sincero y aportándole información. Muéstrele a cualquier jefe potencial las dotes de buen comunicador que usted tiene y aumentará su oportunidad de ser contratado. Mostrar que puede comunicarse bien en más de un idioma es otra gran ventaja.

❑ Confianza: Puede ser difícil trabajar con personas apocadas y tímidas. No puede llegar a saber lo que piensan y, si son realmente calladas, resulta difícil afirmar si están haciendo bien su trabajo. Por el contrario, un trabajador que despliega confianza inspirará a otros. La gente que se siente confiada sabe cómo lograr que se hagan las cosas.

❑ Usted es un solucionador de problemas: A veces los problemas en el trabajo no tiene una solución sencilla o fácil. Debe ser creativo, imaginativo y resuelto. Tiene que estar en disposición de ensayar nuevas ideas para lograr un resultado. Dígale a su futuro empleador que usted sabe cómo resolver problemas, y dele un ejemplo de uno de sus éxitos.

Haga alguna indagación

Antes de solicitar un empleo, debería saber algo acerca de la empresa que lo ofrece. Eso lo ayudará a decidir si es una compañía para la cual le gustaría trabajar. Cierto, una secretaria de una casa editorial puede hacer muchísimas tareas semejantes a las de una secretaria de una compañía de camioneros, pero podría encontrar que una empresa es más interesante que la otra.

Enterarse cómo es la compañía para la que querría trabajar, le dará una ventaja cuando se reúna con su futuro empleador. Podrá mostrar que sabe un poquito acerca de la empresa, aun si no ha tenido ningún puesto en ese giro antes.

La mayoría de los empleos que aparecen en páginas web le dan la opción de ampliar sus conocimientos sobre la compañía que ha puesto el anuncio; pero, si quiere saber acerca de una compañía en particular, una de las páginas web más completas es *zoominfo* (www.zoominfo.com). Puede obtener información sobre personas a quienes dirigirse, resúmenes acerca de la compañía y otros datos gratuitamente.

No obstante, antes de dirigirse a alguien, es hora de pasar al siguiente capítulo, donde abundaremos acerca de cómo puede elegir el trabajo que le venga mejor, así como sus talentos y sus metas. Deberá saber lo que hace mejor y cómo puede destacar en su hoja de vida todo lo que tiene que ofrecer.

CAPÍTULO 3

Conozca sus destrezas

Cuando repase anuncios de empleo, de seguro se preguntará cuán bien se ajustaría al puesto y a la compañía. ¿Está preparado para el puesto? ¿Posee el talento requerido? ¿Le gustará el trabajo y derivará alguna satisfacción de las tareas que realice?

El único modo de saberlo con seguridad es consiguiendo el empleo y probando. Pero antes de que solicite un puesto, puede llegar a tener una idea de qué clase de empleos son los que más le convienen.

Así, pues, es el momento de someterse a una prueba. No hay ni aprobado ni suspenso en estas pruebas. No hay respuestas correctas ni erróneas; pero llegará a tener una impresión muy vívida de qué posición disfrutará y en qué tipo de empleos tiene mayores probabilidades de ser exitoso.

Si sus respuestas a éstas y otras pruebas de evaluación le sugieren que el campo del servicio al cliente no le conviene, no tome la respuesta como si fuera el evangelio. Si un empleo en este campo es en lo que usted siempre ha soñado, válgase de lo que aprendió acerca de usted mismo en estas evaluaciones para pensar en este empleo en particular y decidir si quiere proseguir en su busca. Estas preguntas son sólo para hacerle pensar y brindarle algún discernimiento sobre sus preferencias y cualidades. Sólo usted puede decidir el camino a seguir.

Le animo a que tome todas las evaluaciones gratuitas y de la mayor amplitud posible que encuentre en las páginas Web que aparecen mencionadas en este capítulo. Pero pruebe antes con estas preguntas que aparecen aquí, para que tenga un idea de lo que le espera. Deducirá a partir de estas preguntas de muestra que las evaluaciones semejantes son indoloras y privadas. Nadie, incluidos sus actuales o futuros empleadores, verá las respuestas. Sólo usted las conocerá.

Sus destrezas

Probablemente sepa mucho acerca de sus destrezas y talentos. Conoce en lo que se desempeña bien y en lo que no. Lo que puede ser más difícil de determinar es cómo puede aplicar esas destrezas a un trabajo.

Puede encontrar en la Internet muchos cuestionarios acerca de sus destrezas, que luego le ofrecen una lista de ocupaciones que debería considerar. He aquí unos pocos ejemplos de los tipos de preguntas que podrían hacerle:

PREGUNTA
Cuando está frente a una computadora:

a. Se siente cómodo. Le gusta trabajar con diferentes programas y no hay muchos sistemas que no haya visto o al menos de los que no haya leído.
b. Pánico. Nunca antes ha usado una computadora para trabajar, y ni siquiera está seguro de la diferencia entre *login* (una conexión) y *password* (una contraseña).

RESPUESTAS
Si su respuesta fue «a», tiene notables destrezas para la computadora, y un empleo con computadoras puede venirle bien. Algunos de los empleos que podría contemplar incluyen el de técnico de computadoras, especialista en asesoría de computación o ingreso de datos. Si su respuesta fue «b», las computadoras le hacen sentir algo más que un poquito nervioso, y probablemente le vaya mejor con un trabajo que conlleve mayor interacción con personas y menos con máquinas.

PREGUNTA

Cuando le piden que trabaje con números:

a. Pregunta si alguien tiene una calculadora. Ni siquiera se siente cómodo llevando el saldo de su chequera.

b. Pone manos a la obra. Siempre ha tenido una habilidad natural para los números, y puede hacer un montón de cálculos correctos en su cabeza.

RESPUESTAS

Si su respuesta fue «a», debería probablemente mantenerse al margen de trabajos que conlleven cualquier clase de cálculos, desde el inventario de una tienda hasta la cuenta de un restaurante. Tal vez un trabajo de analista de investigación de mercado, alguien que analiza las estadísticas para determinar las preferencias del consumidor, sería una mala idea para usted.

Si su respuesta fue «b», debería buscar un puesto que incluya trabajo con cifras u otra clase de datos. Podría valer la pena el que contemplara un empleo como facturador, representante de una compañía de seguros o en la venta de productos financieros.

PREGUNTA

Cuando se enfrenta con una larga lista de tareas pendientes, y sabe que no dispone de mucho tiempo para hacerlas…

a. Empieza por una cosa. Sabe que no va a lograr mucho, pero puede concentrarse en una sola tarea.

b. Hace un poco de todo a la vez. Puede dirigir varias tareas simultáneamente sin perder concentración. Además, con la ocurrencia simultánea de tantas cosas, no consigue aburrirse.

RESPUESTAS

Si su respuesta fue «a» necesita un ambiente donde todo esté en calma. Prefiere el silencio para hacer su trabajo, y demasiadas distracciones lo retrasarán y probablemente no hará el mejor trabajo que pueda.

Si su respuesta fue «b», se destacará en las atmósferas de mucha presión, repletas de caos controlados. Le encanta la acción y el constante movimiento. Podría considerar el trabajar en la industria de la publicidad donde las fechas topes son interminables, en la sala de urgencia de un hospital o en un restaurante con muchos clientes.

Hay muchos medios en la Internet que le harán preguntas semejantes a las anteriores, y que le proporcionarán una lista de empleos que pueden ajustarse a sus destrezas (Para todas las pruebas que se encuentran en este capítulo, también puede encontrar enlaces en la página web de Esperanza USA en www.esperanza.us).

America's Career Info Net es una página web auspiciada por el Departamento del Trabajo de EE.UU. (DOL, sigla en inglés). En esa página encontrará un cuestionario con el nombre de *Skills Profiler* que lo ayudará a determinar las destrezas que posee, y qué empleos se avienen a sus talentos. En base a las destrezas que incluya, el cuestionario le ofrecerá posibilidades de empleo y le dirá cuán bien se ajustaría a cada uno de ellos. Puede encontrar el cuestionario en http://www.careerinfonet.org/acinet/skills/default.aspx?nodeid=20.

Puede encontrarse otra evaluación de destrezas en la página web de ISEEK, la sigla en inglés del Sistema de Internet para la Educación y la Información sobre Empleos (*System for Education and Employment Knowledge*), una página web que tiene su sede en Minnesota. Pero no tiene que vivir en Minnesota para beneficiarse de la prueba de destrezas de este sitio. Aquí podrá evaluar sus destrezas y la prueba le ofrecerá posibilidades de carrera en base a sus respuestas. Puede encontrar el cuestionario en http://www.iseek.org/sv/12398.jsp.

La página web *CareerKey* tiene otro cuestionario que le ayudará a identificar sus destrezas y la manera en que puede relacionarse con ciertos trabajos. Esa página la ofrece Lawrence K. Jones, profesor emérito de la Universidad Estatal de Carolina del Norte quien se especializa en asesoría y desarrollos vocacionales. El cuestionario puede encontrarse en http://www.careerkey.org/asp/your_personality/take_test.asp.

Sus fuerzas y flaquezas

Probablemente tendrá éxito en conseguir un empleo, o cualquier cosa en la vida, si conoce sus fuerzas y flaquezas. Sus fuerzas podrían incluir la capacidad de mantenerse organizado, realizar múltiples tareas y aún llegar a tiempo. O tal vez algunas de esas cualidades se cuentan entre sus flaquezas.

Saber más acerca de sus fuerzas y flaquezas no sólo le ayudará a venderse con un empleador potencial, sino que le recordará las zonas en que podría mejorar o hacerse más vendible para los empleadores.

He aquí algunas preguntas para ayudarle a descubrir sus fuerzas y flaquezas:

PREGUNTA

La secretaria de su jefa se quedó en casa enferma y usted está respondiendo al teléfono por el día de hoy. Un cliente importante llama furioso, sobre una transacción reciente. Escucha cinco minutos de perorata antes de tener la oportunidad de decir una palabra. Su jefa no se encuentra en su escritorio. Usted:

a. Amablemente le dice al cliente que su jefa está fuera de su despacho y que le dará el mensaje cuando regrese.

b. Hace lo más que puede por calmar al cliente. Le demuestra que entiende por qué está molesto y, si bien usted no tiene nada que ver con la transacción y no tiene ningún poder para enmendar las cosas, le asegura al cliente que él es persona muy importante para su jefa y que ésta hará lo que corresponda para corregir el problema.

RESPUESTAS

Si su respuesta fue «a», no tiene mucha madera para el trato de «persona a persona». La confrontación lo pone nervioso y la evita a toda costa. Está mejor preparado para un empleo que no tenga que ver con clientes externos.

Si su respuesta fue «b» es persona encantadora y apta para el servicio al cliente, las relaciones con éste o cualquier empleo que le permita usar su personalidad y hacer enmiendas. La comunicación es uno de sus fuertes.

PREGUNTA

Su jefe le dice que debido a problemas con el último proyecto de la compañía, su departamento está sobregirado. Le encomiendan la tarea de encontrar sitios [en el presupuesto] para hacer reducciones. Usted:

   a. Le echa un vistazo al próximo proyecto del departamento, en busca de lugares para ahorrar dinero la próxima vez. Consigue una copia de los registros financieros del proyecto sobregirado para ver dónde las cosas se hicieron mal y hace una cita con el líder del proyecto para desglosar los errores. Finalmente, escribe un memorando acerca de lo que el departamento puede hacer mejor la próxima vez.

   b. Se queda mirando a su jefe, sin tener idea de cómo enfrentarse a este problema.

RESPUESTAS

Si su respuesta fue «a», usted es un solucionador de problemas, algo que debería estar al principio de la lista de sus fuerzas, y debe resaltarlo cuando se reúna con un posible empleador.

Si su respuesta fue «b», no se siente cómodo tomando la iniciativa, y eso está bien. Puede estar mejor en un empleo que lo clasifique como «soldado» más bien que como «general».

PREGUNTA

Su niña recibe una casa de muñecas por su cumpleaños. Tiene 78 piezas, 18 tornillos, 41 calcomanías y 6 perillas que no puede identificar. Su hija está desesperada por jugar con ella y salta de entusiasmo. Usted:

   a. Comienza por leer las instrucciones, mientras su hija pregunta y saca las piezas, y usted empieza a armar la casa de muñecas, a sabiendas de que le tomará casi una hora.

b. Comienza armarla al fin de hacerlo rápido. Se olvida de las instrucciones, aunque las piezas no se ensamblen perfectamente y no todas las calcomanías estén en su lugar. Además, su hija no tiene paciencia para esperar una hora y ella probablemente no notará la diferencia.

RESPUESTAS

Si su respuesta fue «a», le presta gran atención a los detalles. Un trabajo de editor, planificador de eventos o decorador se beneficiaría de esta cualidad.

Si su respuesta fue «b», está más interesado en lograr que el trabajo se haga rápidamente que en hacerlo a la perfección. Debería evitar puestos que exijan el ser meticuloso y estar pendiente de los detalles.

Para más cuestionarios que lo ayuden a determinar sus fuerzas y flaquezas, diríjase a su computadora:

Monster.com's Job Assets & Strength Profiler es uno de los cuestionarios más completos a que puede someterse. Luego de hacerle una serie de preguntas sobre las cosas que usted hace bien y aquellas que no, le ofrece un informe personalizado que incluye su personalidad laboral, sus destrezas de liderazgo, y que rasgos o «fuerzas únicas», como el cuestionario las llama. Luego que el cuestionario ha identificado sus fuerzas, puede buscar los anuncios de ejemplos de la página web para ver qué trabajos podrían corresponder con ellas. El cuestionario puede encontrarse en http://my.monster.com/JobStrengthProfile/Intro.aspx.

Las *Adult Pathways For Learning Quiz* (en la página web sobre el bienestar infantil del Dr. Spock) hace preguntas que le ofrecerán pistas sobre sus fuerzas y flaquezas. Cuando concluya con el cuestionario, verá una tabla que evalúa las diferentes partes de su inteligencia (podría alcanzar un alto puntaje en destrezas musicales, pero bajo en capacidades emocionales e interpersonales). Si bien este cuestionario no le va a decir claramente en qué trabajo se desempeñará mejor, sí destacará ciertos rasgos de la personalidad que puede aplicar a ciertos trabajos. Este cuestionario puede encontrarlo en http://www.drspock.com/toolsforyou/son/0.2020.35.00.html.

Sus preferencias y aversiones

Sus intereses pueden desempeñar un gran papel respecto a cuánto le gusta un trabajo. Ciertamente, puede tener aptitudes para un puesto como gerente de una oficina, pero si la idea de estar metido en un lugar de trabajo todo el día no le resulta atractiva, puede terminar odiando su empleo, aunque lo desempeñe bien. Si le gusta la vida de puertas afuera, debe encontrar un empleo que le permita disfrutar del sol mientras trabaja, tal como un centro de jardinería o en la construcción.

Responda este cuestionario para saber más acerca de lo que le gusta y le disgusta:

PREGUNTA

Su vecino va a una entrevista de trabajo y le pregunta qué le parece la ropa que ha escogido. Usted...

a. Mira con detenimiento lo que lleva puesto y cree que está cometiendo una grave error. Se ofrece a revisarle el ropero a fin de encontrar algún atuendo más adecuado para la ocasión. Llega incluso a combinarle los zapatos con los calcetines.

b. Lo mira y le dice que lo ve bien, que no encuentra nada erróneo en lo que lleva puesto.

RESPUESTAS

Si su respuesta fue «a», tiene un interés en la moda y puede destacarse también en eso. Trabajar en tiendas de ropa, como comprador personal o en ventas le permitirá hacer lo que le gusta.

Si su respuesta fue «b», puede no interesarse mucho en las tendencias de la moda o en lo que se lleva este año. No hay nada malo en eso, pero cerciórese de que no tenga que tomar esa clase de decisiones en su próximo empleo.

PREGUNTA

Acepta un empleo en una tienda de equipos electrónicos, y un cliente empieza a preguntarle sobre un televisor que está en venta. El televisor de la tienda está transmitiendo una película que fue popular el año anterior y que usted ha visto. El cliente dice que le encantó la película e intenta entablar una conversación sobre los personajes. Usted...

a. Tiene mucho que añadir a la conversación. Es divertido charlar con extraños y siempre siente curiosidad sobre lo que los demás tienen que decir.

b. Escucha amablemente por un momento y luego le dice al cliente que debe hacer algo en el almacén.

RESPUESTAS

Si su respuesta fue «a», no es tímido respecto a conocer nuevas personas y está genuinamente interesado en lo que éstas tienen que decir. Extrovertida es otra palabra para definir ese tipo de personalidad. Las relaciones públicas, el mercadeo o las ventas pueden venirle bien.

Si su respuesta fue «b», los empleos que le exijan sostener conversaciones con extraños debe tacharlos de su lista. No importa si es porque es tímido/a o porque no se siente cómodo/a conversando con un gran número de nuevas personas. Debe dedicarse a un empleo que le mantenga alejado de los clientes.

PREGUNTA

Su casa necesita algún trabajo. El trabajo prioritario es en el exterior, en el arreglo de uno de los ladrillos de las gradas de la entrada que está suelto. Teme que alguien pudiera lastimarse cuando el ladrillo termine por desprenderse del resto de la estructura. Usted...

a. Revisa el periódico local en busca de un operario que le haga el trabajo sin mayor costo.

b. Va a la ferretería en busca de la argamasa que se usa para fijar los ladrillos y de otras herramientas para hacer el trabajo por sí mismo. Usted no es albañil, e incluso aunque mezclar y aplicar la argamasa es un trabajo un poco sucio, disfruta el reto y la satisfacción de hacerlo.

RESPUESTAS

Si su respuesta fue «a», podría no gustarle hacer labores manuales. Estaría más a tono en un ambiente de oficina donde el trabajo más sucio que tendría que hacer es arreglar la fotocopiadora.

Si su respuesta fue «b», le parece que está bien arreglar algo, hacer algo, ensuciarse las manos. Contemple trabajos en la construcción o remodelación de casas, carpintería, mecánica automotriz o trabajar en un taller de cerámica.

Al respecto hay también algunos cuestionarios en la Internet que le ayudarán a evaluar sus preferencias y aversiones:

The Princeton Review, una compañía que ofrece servicios de preparación de exámenes, tiene un cuestionario vocacional útil en su página web, que evalúa su personalidad mediante una serie de preguntas sobre los tipos de trabajo que usted cree que preferiría, y cómo reaccionaría ante algunas situaciones laborales. Puede encontrar el cuestionario en http://www.princetonreview.com/cte/quiz/career_quiz1.asp.

Monster.com tiene un cuestionario concebido para ayudarle a encontrar la carrera perfecta según su tipo de personalidad. El cuestionario, llamado Descubra su carrera perfecta *(Discover Your Perfect Career)* puede encontrarse en http://tools.monster.com/perfectcareer. Las preguntas giran en torno a su personalidad y luego le ofrecen sugerencias basadas en las cualidades que escogió en la prueba. En un enfoque ligeramente distinto, *Monster.com* tiene el cuestionario «¿Cuál es su estilo de trabajo? *(What's Your Workstyle?)* que de seguro le dará algunas ideas acerca del tipo de centro laboral en que le gustaría estar todos los días. Puede encontrar el cuestionario en http://tools.monster.com/quizzes/workstyle.

Tiene más destrezas de lo que cree

Si no tiene mucha experiencia de trabajo profesional, aún cuenta con destrezas que puede ofrecerle a un empleador. Tiene que descubrirlas en sus actividades diarias y aprender a presentarlas profesionalmente, para que un empleador sea capaz de verlas. Fíjese en este ejemplo.

Digamos que es activo en su iglesia, y participa con dedicación en las reuniones congregacionales de Navidad y Pascua. Percibe que no está haciendo nada del otro mundo, pero al confeccionar una lista de todo lo que hizo, y poner las tareas de manera que puedan aplicarse al centro de trabajo, encontrará que utilizó muchos talentos para realizar esas actividades, tales como:

- ❏ Por tres años consecutivos estuve a cargo de organizar las comidas de Navidad y Pascua para la iglesia parroquial a la que asisto.
- ❏ Esos fueron los principales eventos de recaudación de fondos de nuestra institución.
- ❏ Coordinaba los eventos al asistir a reuniones con la Junta y al ayudar a crear el formato de cada uno de los actos.
- ❏ Registraba, distribuía y mantenía el control de todos los encargos de ventas y pagos.
- ❏ Me comunicaba regularmente con voluntarios para ofrecerles información que aumentara su rendimiento en ventas.
- ❏ Administraba el negocio mismo, incluido el ponerme en contacto con los sitios donde los eventos se celebraban, seleccionar el menú, negociar los costos, preparar los entretenimientos, supervisar el diseño, la producción y la impresión de todos los materiales colaterales (suelto informativo, invitación, boletos y menús), dirigiendo una adecuada disposición de color y haciendo el pedido de las decoraciones (centros de mesa y flores adicionales).

¡Caramba! Ésa es una lista de destrezas y talentos verdaderamente impresionante. Échele otro vistazo a todas las palabras que podría captar el ojo de un posible empleador: organizar, recaudación de fondos, coordinar, mercadeo, negociar, preparar y otras por el estilo. La valiosa experiencia que muestra puede funcionar en una capacidad profesional, que logra la ejecución de múltiples trabajos: todos ellos sin experiencia formal de un centro laboral.

De modo que si no ha pasado mucho tiempo en el centro de trabajo, contemple algunos de estos puntos y vea si puede crear una lista de destrezas basada en su experiencia:

❑ Trabajo voluntario, de hospitales locales, a las Girl Scouts y otras organizaciones caritativas.
❑ Actividades comunitarias/agrupaciones de vigilancia del vecindario
❑ Cuidado de niños
❑ Actividades en la iglesia
❑ Asociaciones de padres y maestros
❑ Actividades de recaudación de fondos para la escuela, tales como ventas de dulces y otros productos
❑ Clubes deportivos y organizaciones asociadas con otros pasatiempos
❑ Organización de un club de libros con algunos amigos
❑ Talentos para obtener cupones y descuentos

Idiomas

Un talento importante que acaso está desconociendo es el idioma. El inglés puede ser su segunda lengua, y podría tomar eso como una desventaja. Falso. Tiene la envidiable posición de ser bilingüe, una cualidad que la mayoría de los empleadores valoran.

Según un estudio del año 2005 (el Índice de Contratación Ejecutiva de la Korn/Ferry International, *Korn/Ferry Iternational Executive Recruiter Index*), el 79 por ciento de los contratantes —la gente que hace las entrevistas para muchas firmas— dice que el español es el idioma con mayor demanda de parte de los empleadores.

A lo largo y ancho de Estados Unidos, cada vez hay más personas que hablan español. Y según la Asociación Hispana de Responsabilidad Corporativa, los hispanos y latinos tienen un poder adquisitivo de 380.000 millones de dólares. Desde centros de servicio al cliente a agencias gubernamentales, cada vez más organizaciones contratan a obreros que hablan inglés y español. La atención sanitaria, los servicios financieros y las ventas y el mercadeo se encuentran entre las mayores áreas de crecimiento de los hispanohablantes.

Si bien su capacidad de hablar español es una ventaja, tenga en mente que los empleadores pueden exigir fluencia en inglés. Mostrar dominio de ambas lenguas le dará una ventaja en su centro de trabajo.

Si anda en busca específicamente de empleos que necesiten trabajadores bilingües, visite la página web de *Bilingual Jobs* en http://www .bilingual-jobs.com/com/defayktr_new.htm.

Obtención de adiestramiento o preparación adicional

Fijándose en sus destrezas y preferencias laborales, puede descubrir que necesita alguna preparación o educación adicional para proseguir en el trabajo que desea. Si ése es el caso, tenga presente algunas de estas consideraciones:

UNIVERSIDAD

Una educación universitaria puede ser el boleto para un puesto de mayor rango y salario. Pero si necesita trabajar para sostener a su familia y a sí mismo, puede ser difícil, si no lógicamente imposible, tomar los cursos regulares de la universidad.

No tiene que ser un estudiante de jornada completa para obtener un diploma universitario. Contemple el asistir a media jornada o por las noches. La mayoría de las escuelas ofrecen programas especiales para estudiantes que deben trabajar por el día. Obtenga información acerca de los colegios que ofrecen los dos primeros años de estudios universitarios *(community and junior colleges)* en su zona. Éstos tienden a costar menos dinero y con frecuencia tienen programas especiales en las noches o durante los fines de semana, y muchos de ellos se concentran en la preparación de estudiantes para cierto tipo de trabajos. Si no está interesado en obtener un diploma, aún puede desear tomar algunos cursos universitarios, simplemente para adquirir un conocimiento más especializado en un área en particular.

Podría incluso lograr que su patrón le pagara la universidad, especialmente si los conocimientos que adquiera le ayudan a progresar en el trabajo, dándole a su jefe un servicio más valioso. Este beneficio, usualmente llamado programa de reembolso de matrícula, significa que paga las clases de su bolsillo y, según va aprobando sus cursos, su empleador le reembolsará el costo de la matrícula y los materiales de estudio.

ESCUELA DE COMERCIO/ESCUELA VOCACIONAL

Las escuelas de comercio y las vocacionales ofrecen instrucción especializada para un tipo de trabajo específico. Encontrará escuelas que ofrecen clases para enseñarle, por ejemplo, peluquería, mecánica automotriz o plomería. Estas escuelas manuales le brindarán las destrezas, que también llaman aplicadas, que se necesitan para muchas clases de empleos.

Estas escuelas también pueden proporcionarle valiosos contactos para que encuentre un empleo, y muchas de ellas presumen de ser muy exitosas en programas de colocaciones. Indague sobre estas escuelas con mucho cuidado. Si bien muchas son instituciones respetables, otras no pueden cumplir sus promesas de encontrar empleos y pueden dejarle con un préstamo de estudiante y sin posibilidades de pagarlo. Averigüe qué porcentaje de graduados ha conseguido empleos. Converse con antiguos alumnos y graduados de la escuela en cuestión acerca de sus experiencias y si ellos la recomiendan.

EDUCACIÓN COMUNITARIA.

También puede encontrar clases especializadas en su comunidad. La biblioteca de la localidad, por ejemplo, puede ofrecer clases prácticas en computación, o ciertos establecimientos pueden ofrecer clases gratuitas o a bajo costo, tal como una tienda de efectos electrónicos que ofrezca adiestramiento en el uso de programas de computadora. Por supuesto, esas tiendas esperan que les compre los productos luego de tomar las clases, pero usualmente no hay ninguna obligación de hacerlo.

INTERNADOS

Las empresas con frecuencia andan en busca de mano de obra barata o gratuita, así que contratan a estudiantes como internos. Los internos están por debajo del nivel de los principiantes, y en algunos campos a los internos ni siquiera les pagan. A cambio se benefician de la experiencia de primera mano de trabajar en el giro de su elección. Los internos de los noticieros de televisión, por ejemplo, no reciben paga, pero logran experimentar lo que cuesta armar un programa de noticias.

Si hay una industria de la cual quiere aprender más y puede encontrar el tiempo para trabajar a media jornada como interno, adquirirá inapreciables destrezas para los trabajos de su elección. También adquirirá grandes relaciones que, si usted les cae bien y quedan bien impresionados con su trabajo, bien podrían contratarlo para realizar trabajos remunerados en el futuro.

El próximo paso

Cualquier experiencia, educación o preparación adicional que obtenga reforzará su hoja de vida. En eso consiste el próximo paso: crear una hoja de vida que resalte sus mejores cualidades de manera que pueda conseguir un empleo.

CAPÍTULO 4

Prepare su hoja de vida

Una hoja de vida (*résumé*) es mucho más que un listado de todos los empleos que haya tenido. Es una formidable herramienta para ponerle a la puerta de una entrevista de trabajo. Contiene una semblanza de quien es, profesionalmente, y es su oportunidad de conseguir que un posible empleador lo note y quiera saber más acerca de usted.

Su hoja de vida es su oportunidad de presentar todas sus mejores cualidades y destrezas, pero no se trata de una autobiografía completa. Las hojas de vida deben ser breves e ir al grano. Los empleadores no disponen de horas para leer hojas de vida detalladas que son tan largas como una disertación. En efecto, al cabo de 10 ó 15 segundos de mirar su hoja de vida, la mayoría de los empleadores decidirán si pertenece al montón descartable o si vale la pena echarle una mirada más atenta.

Escoja su formato de hoja de vida

Antes de comenzar a escribir su hoja de vida, tiene que decidir qué tipo de formato quiere usar. El que escoja puede depender del tipo de experiencia que tenga y de si ha estado, o no, en la fuerza laboral durante un tiempo.

HOJAS DE VIDA CRONOLÓGICAS

Las hojas de vida cronológicas son las más comunes. Este tipo de hoja de vida lista toda su experiencia laboral en orden cronológico inverso, a partir del trabajo más reciente, en la sección llamada «Experiencia laboral» (más adelante en este capítulo nos referiremos a las diferentes secciones de una hoja de vida).

Si ha estado trabajando durante un tiempo, y no tiene lagunas difíciles de explicar en su historia laboral, éste es probablemente el estilo de hoja de vida que le conviene. Mostrará cómo se ha ido desarrollando a lo largo de los años, y cómo ha ido cambiando de un trabajo a otro.

La ventaja principal de una hoja de vida cronológica es que a los empleadores les resulta fácil de leer, de manera que pueden revisar rápidamente su experiencia. Debido a que es tan común, muchos empleadores esperan ver este tipo de hoja de vida.

Si no ha tenido muchos trabajos, acaba de salir de la universidad o si ha estado fuera del trabajo por largos períodos de tiempo, probablemente este formato no le venga bien. Las lagunas en su historia laboral se destacarán en una hoja de vida cronológica.

HOJAS DE VIDA FUNCIONALES

Las hojas de vida funcionales se organizan por zonas de experiencias (tales como «administración de empresas» o «servicio al cliente») en lugar de presentar un historial de trabajo por trabajo. Debajo de cada categoría, puede explicar las destrezas que posee en ese terreno específico.

Esta clase de hoja de vida funciona mejor para ciertas situaciones:

❏ Si ha estado saltando mucho de trabajo en trabajo, y no quiere que un empleador reciba la impresión de que usted tiene un corto margen de atención.

❏ Si hubiere grandes espacios vacíos en que no estuvo trabajando. (No tiene que suministrar fechas de empleo en este tipo de hojas de vida).

❏ Si quiere cambiar de giro y tiene poca o ninguna experiencia en el terreno en el cual solicita el empleo.

Chronological Résumé

Yvette Gonzales
100–000 34th Street
New York, NY 10016
(212) 555-5555
Yvette_Gonzales@email.com

Objective   Seeking to use my 7 years of experience and strong organizational and communication skills in a senior-level administrative assistant position.

Work History

Executive Administrative Assistant

July 2004 to present   Brown and Josephson, Inc   New York, NY

Offer seamless office management for this law office while reporting directly to the company president. Accomplishments and duties include:
- Created the first database ever used by this office to organize past and present legal cases.
- Coordinate daily scheduling of clients, court dates and other legal meetings.
- Field important phone calls from potential clients, directing them to the proper attorney with the firm and ensuring their cases are managed with sensitivity and confidentiality.
- Direct pool of ten secretaries, working for eighteen attorneys. Proofread and edit all correspondence requested of the secretarial pool, including inter-office and client memos.

Secretary

May 2000 to July 2004   Brown and Josephson, Inc.   New York, NY

In a support environment, completed legal documents and summarized case files for staff attorneys. Filed and organized documents for ongoing cases and trials as needed by staff attorneys. Assisted paralegals with research for current cases. Promoted to Executive Administrative Assistant.

Key Skills

Computer	*Front Office*
• MS Word	• Reception
• MS Publisher	• Supervisor of Secretarial Pool
• MS Excel	• Typing: 85 words/minute
• MS Powerpoint	• Scheduling of Appointments
• Adobe Photoshop/Illustrator	• Manage Conference Room Schedule

Education

City University of New York, Associate's Degree in Office Management, 2006.

Yvette Gonzales
100–000 34th Street
New York, NY 10016
(212) 555-5555
Yvette_Gonzales@email.com

Objetivo   Busco utilizar mis 7 años de experiencia y mis probadas habilidades en el campo de la organización y la comunicación en un puesto de auxiliar de administración de primer rango.

Historia laboral

Auxiliar Ejecutiva de Administración

De julio de 2004 al presente   Brown and Josephson, Inc   Nueva York, NY

Brinda servicios ilimitados de administración para este bufete de abogados al tiempo que responde directamente al presidente de la compañía. Entre sus desempeños y deberes se incluyen:

- Creó el primer banco de datos que se usara en esta oficina para organizar casos legales pasados y actuales.
- Coordina diariamente el calendario de los clientes, las citas en los tribunales y otras reuniones legales.
- Atiende llamadas telefónicas importantes de clientes potenciales, las transfiere al abogado de la firma idóneo para el caso y garantiza que los casos se manejen con sensibilidad y discreción.
- Dirige un grupo de diez secretarios, que trabajan para dieciocho abogados. Corrige el estilo y la ortografía de toda la correspondencia de este grupo de secretarios, incluidos los memos internos y a clientes.

Secretaria

De mayo de 2000 a julio de 2004   Brown and Josephson, Inc.   Nueva York, NY

En un ambiente con infraestructura, rellenó documentos legales y resumió expedientes para los abogados de la firma. Archivó y organizó documentos para los casos y juicios en proceso conforme los necesitaran los abogados de la firma. Ayudó a los asistentes de abogados en la investigación de casos actuales. Promovida a Auxiliar Ejecutiva de Administración.

Experiencia

Programas de computadora	*En la oficina*
- MS Word	- Recepción
- MS Publisher	- Supervisora de un grupo de secretarios
- MS Excel	- Mecanografía: 85 palabras por minuto
- MS Powerpoint	- Programación de citas
- Adobe Photoshop/Illustrator	- Controlar el horario del salón de conferencias

Educación

Universidad de la Ciudad de Nueva York, Graduada de Auxiliar en Administración de Oficinas, 2006.

Functional Résumé

Yvette Gonzales
100–000 34th Street
New York, NY 10016
(212) 555-5555
Yvette_Gonzales@email.com

Objective   Seeking to use my 7 years of experience and strong organizational and communication skills with new opportunities in the health care field.

Key Skills

Office Skills

- Able to coordinate daily scheduling of clients and court dates, ensuring there are no overlaps in conference room usage or attorney assignments.
- Direct pool of ten secretaries, working for eighteen attorneys.
- Versatile computer skills in all popular programs, including MS Office.
- File and organize confidential and highly sensitive legal documents for ongoing and completed cases.

Communication and Writing Skills

- Proofread and edit all correspondence requested of the secretarial pool, including interoffice and client memos.
- Field phone calls from potential clients, directing them to the proper attorneys.
- Research case law under paralegal supervision.

Interpersonal Skills

- Friendly, outgoing, caring.
- As an executive administrative assistant in a law firm, the sensitivity of client cases was paramount and an essential task.

Accomplishments

- Created the first database ever used by this office to organize past and present legal cases.

Work History

Executive Administrative Assistant
July 2004 to present   Brown and Josephson, Inc.   New York, NY

Secretary
May 2000 to July 2004   Brown and Josephson, Inc.   New York, NY

Education

City University of New York, Associate's Degree in Office Management, 2006.

Yvette Gonzales
100–000 34th Street
New York, NY 10016
(212) 555-5555
Yvette_Gonzales@email.com

Objetivo   Busco utilizar mis 7 años de experiencia y mis probadas habilidades en el campo de la organización y la comunicación con nuevas oportunidades en el terreno de la atención sanitaria.

Experiencia

De oficina

- Capaz de coordinar diariamente el calendario de los clientes, las citas en los tribunales y otras reuniones legales, garantizando que no coincidan los distintos usuarios del salón de conferencias ni los cometidos de los abogados.
- Dirigir un grupo de diez secretarios que trabajan para dieciocho abogados.
- Dominar todos los programas populares de computadora, incluidos MS Office.
- Archivar y organizar documentos legales confidenciales y altamente sensibles de casos en proceso y cerrados.

De comunicación y redacción

- Corregir el estilo y la ortografía de toda la correspondencia de este grupo de secretarios, incluidos los memos internos y a clientes.
- Atender llamadas telefónicas importantes de clientes potenciales, y transferirlas al abogado de la firma idóneo para el caso.
- Investigar casos bajo supervisión de asistentes de abogados.

Interpersonales

- Amistosa, extrovertida, atenta.
- Como auxiliar ejecutiva de administración en un bufete de abogados, la sensibilidad de los casos es de primera importancia y constituye un quehacer esencial.

Logros

- Creó el primer banco de datos que se usara en esta oficina para organizar casos legales pasados y actuales.

Historia laboral

Auxiliar Ejecutiva de Administración

| De julio de 2004 al presente | Brown and Josephson, Inc. | Nueva York, NY |

Secretaria

| De mayo de 2000 a julio de 2004 | Brown and Josephson, Inc. | Nueva York, NY |

Educación

Universidad de la Ciudad de Nueva York, Graduada de Auxiliar en Administración de Oficinas, 2006.

Combination Résumé

Yvette Gonzales
100–000 34th Street
New York, NY 10016
(212) 555-5555
Yvette_Gonzales@email.com

Objective   Seeking to use my 7 years of experience and strong organizational and communication skills with new opportunities in the health care field.

Key Skills

Computer
- MS Word
- MS Publisher
- MS Excel
- MS PowerPoint
- Adobe Photoshop/Illustrator

Front Office
- Reception
- Supervisor of Secretarial Pool
- Typing: 85 words/minute
- Scheduling of Appointments
- Manage Conference Room Schedule

Communication and Writing Skills
- Proofread and edit all correspondence requested of the secretarial pool, including inter-office and client memos.
- Field phone calls from potential clients, directing them to the proper attorneys.
- Research case law under paralegal supervision.

Interpersonal Skills
- Friendly, outgoing, caring.
- As an executive administrative assistant in a law firm, the sensitivity of client cases was paramount and an essential task.

Accomplishments
- Created the first database ever used by this office to organize past and present legal cases.

Work History

Executive Administrative Assistant
July 2004 to present   Brown and Josephson, Inc.   New York, NY

Offer seamless office management for this law office while reporting directly to the company president. Accomplishments and duties include scheduling and organizing client meetings, court dates and other legal meetings and conference room usage. Also field phone calls from potential clients, and supervise secretarial pool. Previously served as Secretary from May 2000 through July 2004. Duties included completing legal documents, summarizing case files for staff attorneys, filing and organizing documents for ongoing cases and trials and assisting paralegals with research for current cases.

Education

City University of New York, Associate's Degree in Office Management, 2006.

Yvette Gonzales
100–000 34th Street
New York, NY 10016
(212) 555-5555
Yvette_Gonzales@email.com

Objective   Busco utilizar mis 7 años de experiencia y mis probadas habilidades en el campo de la organización y la comunicación con nuevas oportunidades en el terreno de la atención sanitaria.

Experiencia

Programas de computadora
- MS Word
- MS Publisher
- MS Excel
- MS Powerpoint
- Adobe Photoshop/Illustrator

En la oficina
- Recepción
- Supervisora de un grupo de secretarios
- Mecanografía: 85 palabras por minuto
- Programación de citas
- Controlar el horario del salón de conferencias

De comunicación y redacción
- Corregir el estilo y la ortografía de toda la correspondencia de este grupo de secretarios, incluidos los memos internos y a clientes.
- Atender llamadas telefónicas importantes de clientes potenciales, y transferirlas al abogado de la firma idóneo para el caso.
- Investigar casos bajo supervisión de asistentes de abogados.

Interpersonales
- Amistosa, extrovertida, atenta.
- Como auxiliar ejecutiva de administración en un bufete de abogados, la sensibilidad de los casos es de primera importancia y constituye en quehacer esencial.

Logros
- Creó el primer banco de datos que se usara en esta oficina para organizar casos legales pasados y actuales.

Historia laboral

Auxiliar Ejecutiva de Administración
De julio de 2004 al presente   Brown and Josephson, Inc.   Nueva York, NY

Brinda servicios ilimitados de administración para este bufete de abogados al tiempo que responde directamente al presidente de la compañía. Sus desempeños y deberes incluyen programar y organizar las reuniones de los clientes, citas en los tribunales y otras reuniones legales así como el uso del salón de conferencias. Atiende también llamadas telefónicas de posibles clientes y supervisa al equipo de secretarios. Anteriormente ha prestado servicios como secretaria de mayo de 2000 a julio de 2004. Entre sus deberes se contaban el relleno de documentos legales, resumir expedientes para los abogados de la firma, archivar y organizar documentos para los casos y juicios en proceso y ayudar a los asistentes de abogados en la investigación de casos actuales.

Educación

Universidad de la Ciudad de Nueva York, Graduada de Auxiliar en Administración de Oficinas, 2006.

❏ Si tiene poca experiencia de trabajo profesional y quiere que su hoja de vida muestre su trabajo voluntario y otras experiencias no remuneradas.

Si intenta mostrar su experiencia —o su falta de experiencia— de la mejor manera posible, una hoja de vida funcional le permitirá llamar la atención hacia sus mejores cualidades, al tiempo que enmascara cualquier cosa de que su hoja de vida pueda carecer.

HOJAS DE VIDA COMBINADAS

Una hoja de vida combinada es en parte funcional y en parte cronológica. Estas hojas de vida son útiles si hay ciertas destrezas que quiere que un empleador advierta enseguida y de manera diáfana. Tiene las mismas secciones que escribiría para otros tipos de hojas de vida personales, y comienzan con categorías por sus áreas de experiencia, seguido por su historia laboral.

Las hojas de vida combinadas pueden funcionar si:

❏ Es un estudiante que acaba de graduarse o está a punto de hacerlo. Puede destacar sus destrezas especialmente si tiene una historia laboral muy larga.
❏ No ha estado trabajando durante algún tiempo. Nuevamente, al resaltar sus destrezas enmascara su falta de empleo en los últimos años.

Podría querer tener más de una hoja de vida, para usarlas con diferentes tipos de solicitudes de empleo. La información básica en los tres tipos es semejante, de manera que una vez que escriba la primera versión, lo más que tendría que hacer luego es reordenar la información, sin tener necesidad de reescribirla completamente.

Consejos antes de comenzar

He aquí algunos otros puntos que debe tener presente antes de empezar a escribir su hoja de vida.

- ❏ Tome notas: los cuestionarios del Capítulo 3 deben haberle ayudado a reducir algunos de los puntos que querrá añadir a su hoja de vida. Usted, por supuesto, necesita su historia laboral, pero además, quiere compartir las destrezas y cualidades que posee, distintas de las que aparecen listadas en descripciones de empleos. Crear y tener a mano una lista de sus destrezas y fuertes. Mientras escribe su hoja de vida, remítase a la lista y cerciórese de que incluye todo lo que pueda impresionar a un empleador potencial.

- ❏ Sea preciso: Su hoja de vida no debe ser primorosa ni demasiado inusual, pero sí debe ser precisa. La primera vez que los empleadores miran la mayoría de las hojas de vida, sólo le echan un vistazo superficial y se detienen en lo que les salta a la vista, o no. Su hoja de vida debe ofrecer claras secciones de manera que un empleador pueda encontrar rápidamente la información que necesita para tomar una rápida decisión en lo que a usted respecta. Quiere que resalte por la manera en que está organizado, no porque escogió usar papel púrpura, tipografía poco común u otras tácticas inusitadas.

- ❏ No sea repetitivo: tal vez ha tenido tres empleos con diferentes compañías, pero sus deberes eran semejantes. Al escribir, puede descubrir que está utilizando las mismas palabras una y otra vez. Intente usar distintas palabras para describir tareas semejantes. Por ejemplo, en lugar de decir «dirigió», contemple usar «supervisó» o «condujo». Si tiene problemas, use un diccionario de sinónimos o consulte el Apéndice XX de este libro, que le ofrece una lista de términos comunes a las hojas de vida.

- ❏ Deje fuera ciertos datos muy personales: La información acerca de su estado civil, cuántos hijos tiene, sus pasatiempos y otros aspectos personales no pertenecen a una hoja de vida. Algunas de estas cosas podrían salir en una entrevista, y debe saber lo que es legal que un contratante le pregunte y lo que no lo es. Abundaremos sobre este tema en el Capítulo 6.

❏ Corrija el texto: Ésta es una de las cosas más importantes que puede hacer a favor de su hoja de vida. No quiere darle a un empleador una hoja de vida que tenga errores de ortografía o gramaticales. Si su hoja de vida está chapucera, dará una lamentable imagen de usted. Si percibe que su dominio del inglés no es perfecto, contemple el pedirle a un amigo que revise su hoja de vida. También puede encontrar a alguien que corrija su hoja de vida en uno de los centros de *Career One-Stop* del Departamento del Trabajo (en www.careeronestop.org o bien llame al 1-877-US-2JOBS).

❏ Redúzcala a una sola página: Pocas hojas de vida deben exceder a una página. Si tiene una historia laboral muy extensa, tal vez sea conveniente eliminar los empleos más antiguos. O bien puede usar un formato diferente —que ocupe menos espacio— para los puestos más antiguos.

La redacción de su hoja de vida

No importa qué formato de hoja de vida haya elegido, muchas de las partes de su hoja de vida serán las mismas.

INFORMACIÓN DE CONTACTO (O A QUIÉN DIRIGIRSE)

Comience con dar información sobre a quien dirigirse. Esto incluye su nombre, dirección, número de teléfono y dirección electrónica. Si es estudiante universitario y tiene una dirección en la universidad, además de una dirección permanente, incluya ambas.

No se recomienda que suministre el número de teléfono y la dirección electrónica de su trabajo actual. (Si no se muestra respetuoso con su actual patrón, sus futuros jefes pueden tener dudas tocante al respeto que tendrá hacia él o ella algún día). Dé sólo el número de teléfono y el correo electrónico de su casa. Varias veces al día, si está en el trabajo, aproveche sus recesos para escuchar sus mensajes.

Su información de contacto debe aparecer al principio de su hoja de vida, ya sea centrada o alineada sobre el margen izquierdo de la página.

OBJETIVO

Un encabezamiento titulado «Objetivo» puede ser el siguiente punto de su hoja de vida, aunque la mayoría de los redactores profesionales de estas hojas de vida dice que es opcional. La sección «Objetivo» explicaría el tipo de trabajo que busca. Debe ser claro y conciso, expresar la meta que se propone alcanzar, o al menos la que intenta alcanzar con esta hoja de vida. Su extensión no debería exceder a tres o cuatro líneas.

Algunos ejemplos de cómo podría aparecer un «objetivo»:

OBJETIVO: Usar mis relaciones con los clientes y mis destrezas organizativas en un puesto de la gerencia de un hotel.

OBJETIVO: Buscar un puesto de enfermera graduada en el salón de emergencia, donde pueda hacer uso tanto de mi experiencia en la enfermería doméstica como mis talentos adquiridos como enfermera de campaña para la reserva del Ejército.

OBJETIVO: Usar mis antecedentes en beneficio de los empleados y mis destrezas en la comunicación en un puesto de recursos humanos.

OBJETIVO: Buscar un puesto de gerente donde pueda hacer uso de las destrezas que he adquirido como secretaria ejecutiva.

Cuando redacte su objetivo, cerciórese de que está proyectado hacia el futuro y que no es simplemente una repetición de experiencias pasadas.

RESUMEN VOCACIONAL Y RESUMEN DE DESTREZAS

En lugar de usar un objetivo, muchas personas en busca de empleo utilizan un «Resumen vocacional» o un «Resumen de destrezas». Esta sección reemplaza al objetivo al ofrecer una visión panorámica de su experiencia, y podría expresarse en una o varias oraciones, valiéndose de palabras que denoten acciones enérgicas para resaltar lo que tiene que ofrecer.

Algunos ejemplos de un «Resumen vocacional» o de un «Resumen de destrezas»:

RESUMEN DE DESTREZAS: Nombrado «Maestro del año» tres veces seguidas. Noventa y ocho por ciento de mis alumnos en los últimos cinco años han aprobado sus exámenes estatales.

RESUMEN VOCACIONAL: Gerente de servicio al cliente orientado hacia el logro de resultados con notable capacidad para la planificación y el pensamiento crítico. Demostró un drástico aumento en la satisfacción de los clientes.

Un posible empleador debe leer su hoja de vida y quedarse lo suficientemente impresionado para llamarlo a fin de saber más.

HISTORIA LABORAL

Si redacta una hoja de vida cronológica, es aquí donde incluye su historia laboral, con lo cual queremos significar todo su historial de trabajo, incluido los empleos de jornada parcial, los trabajos voluntarios y cualquier otro desempeño laboral, tenga que ver o no con el puesto que solicita.

Esta sección puede aparecer bajo diferentes nombres: «Experiencia laboral», «Experiencia», «Historia laboral», «Empleo» o incluso «Historia profesional».

Cada uno de los ítems de esta lista debe incluir el cargo, las fechas (de comienzo y terminación) del empleo y una descripción de sus obligaciones. Mientras escriba, recuerde la utilización de términos que denoten acciones emprendidas con energía (véase Apéndice XX para algunas sugerencias). Si se propone poner su hoja de vida en la Internet, sepa que los posibles empleadores rastrean los bancos de datos que archivan estos documentos valiéndose de palabras claves que describen cualidades que el empleador espera que su empleado tenga. Así pues, al dirigirse a una industria en particular, use las palabras que cree que un determinado empleador espera ver.

Comience con su trabajo actual, si tiene alguno, y retroceda en el tiempo. Vea un ejemplo a continuación.

Historia Laboral:

Representante de ventas
1/04 al presente   ABC, tienda de ropa   Filadelfia, PA

Responsable de aumentar las ventas de productos al crear diseños de vestuario coordinados para clientes. Creo áreas de exhibiciones cerca de las cajas registradoras y diseño exhibiciones de escaparates. Nombrada «Vendedora del mes» en abril, junio y septiembre de 2004.

Dependiente
5/03 a 1/04   XYZ tienda de ropa   Filadelfia, PA

Las obligaciones incluían el procesar las transacciones de los clientes a la salida. Ofrecía productos adicionales a los clientes tomados de las áreas de exhibición. Ofrecía y procesaba ofertas de tarjetas de crédito a los clientes.

Si está usando una hoja de vida funcional, su sección de «destrezas» podría asemejarse a esto:

Destrezas

Ventas: Aumento las ventas del producto al ofrecerle artículos de accesorio a los clientes. Uso estrategias tales como llevar de antemano sus compras potenciales a un probador, alentado a los clientes a que se las prueben. Nombrado con frecuencia el Vendedor del Mes.

Servicio al cliente: Mirándoles a la cara y de un modo amistoso, saludo a los clientes y les ofrezco ayuda. Oriento a los clientes a encontrar las tallas adecuadas y les ayudo a encontrar artículos que les coordinen con sus compras de ropa.

Exhibición: Creo exhibiciones de escaparates como muestras de productos cerca de las cajas registradoras para contribuir al aumento de las ventas. Diseño temas para los días de fiestas, el regreso a la escuela entre otros.

Puede encontrar más ejemplos de descripciones de trabajo en las hojas de vida que aparecen a principios de este capítulo.

INQUIETUDES SOBRE SU HISTORIA LABORAL

Si percibe que algo en su historia laboral puede inquietar a sus empleadores, he aquí algunas sugerencias para mejorar su hoja de vida:

- **Si es estudiante:** Si ha estado asistiendo a la escuela y en consecuencia no tiene mucha experiencia laboral, o si carece de experiencia laboral en el giro que le gustaría dedicarse, válgase de sus
experiencias educativas para realzar su hoja de vida. Agregue un
acápite especial con «Clases relevantes» o «Proyectos universitarios» para hacer una lista de actividades que pertenecen específicamente al trabajo que intenta conseguir.
- **Si tiene lagunas en su historial de empleo:** Si regresa a trabajar
luego de varios años de estar en casa, piense en las actividades que
ha realizado cuando no trabajaba. Éste es un magnífico espacio
para añadir trabajo voluntario y obras de beneficencia, o educación
y adiestramientos especiales. Si sólo ha estado desempleado
durante algunos meses, contemple el eliminar el uso de meses
cuando dé las fechas de su historial de empleo. Si hubiera estado
fuera de la fuerza laboral por una estadía en casa de sus padres o
por atender a un anciano miembro de la familia, sea sincero. Si bien
no estuvo trabajando, estuvo desempeñando algunos deberes muy
importantes. Los empleadores también tienen familias y entende-
rán su ausencia.
- **Si ha tenido demasiados trabajos:** Si ha estado saltando de un trabajo a otro porque se aburría fácilmente, eso podría ser una mala
recomendación; pero si se ha movido mucho debido a promocio-
nes u oportunidades de entrenamiento, eso podría mostrar que
tiene acometividad y dedicación al trabajo. Si encuentra su historia
laboral demasiado larga, contemple usar una hoja de vida funcional en lugar de una cronológica.

DESTREZAS FUNDAMENTALES

En la sección de «destrezas fundamentales», tiene la oportunidad de
reafirmar sus mejores cualidades y talentos. Deben ser destrezas que

los empleadores valoren, que van desde aptitudes para los idiomas, destrezas en la comunicación, experiencia en resolver problemas y cosas por el estilo. Esta sección es una verdadera oportunidad para que detalle algunas de las cosas en las que se destaca.

La sección de «destrezas fundamentales» puede ser el sitio para hacer los mayores cambios si intenta ajustar su hoja de vida a cada uno de los empleos que solicita. Cuando lea un anuncio de trabajo, cerciórese de añadir las cualidades que el empleador está buscando a su sección de «destrezas fundamentales», si posee, desde luego, esas destrezas. A continuación un ejemplo de cómo se leería una sección de «destrezas fundamentales»:

Destrezas fundamentales *(Key Skills)*
- Dominio del inglés, el español y el portugués.
- Ha practicado las presentaciones de ventas.
- Experiencia en campañas de mercadeo directo.

O, podría usar encabezamientos más específicos, si eso es lo que mejor se adapta con su experiencia. Por ejemplo, en lugar de «destrezas fundamentales», use «destrezas en la computadora».

Destrezas en la computadora:
- MS Word
- MS Publisher
- MS Excel
- MS Powerpoint
- Adobe Photoshop/Illustrator

EDUCACIÓN/PREPARACIÓN

Aquí es donde incluye los estudios que ha cursado y cualquier otra preparación que posea. Debería nombrar la escuela, la fecha de graduación o en la que terminó algún programa y qué clase de diploma recibió. Si tiene más de un diploma, ponga el más reciente primero. Por ejemplo:

Educación:

5/2003	Universidad del Estado de Nueva York	Binghampton, NY

Licenciado en Arte, Historia del Arte
3,5 GPA

6/1999	Escuela Secundaria Central de Valley Stream	Valley Stream, NY

Diploma oficial del estado de Nueva York

Si no asistió a la universidad, pero sí a una escuela técnica, una escuela vocacional o recibió alguna otra clase de preparación, debe ponerla aquí también.

Educación:

10/2003	The New School	Nueva York, NY

Justicia y Derecho Criminal: Taller de tres días

5/2000	Katherine Gibbs School	Norristown, PA
6/1998	Escuela Secundaria de Englishtown/ Manalapan	Manalapan, NJ

Diploma de Escuela Secundaria

Si un diploma de equivalencia de escuela secundaria es su mayor nivel de educación, siéntase orgulloso de tenerlo y póngalo en su hoja de vida. Muestra que se empeña en hacer lo que tiene que hacer para realizar su tarea.

OTRAS ADICIONES A CONSIDERAR PARA LA HOJA DE VIDA

En dependencia de su experiencia y de sus talentos especiales, puede desear agregar algunos subtítulos adicionales a su hoja de vida. He aquí algunos a considerar:

Galardones: Si ha ganado algunos premios o recomendaciones.
Obras publicadas: Si su trabajo ha aparecido alguna vez en una revista u otra publicación.

Intervenciones públicas: Si alguna vez ha impartido talleres o ha pronunciado discursos.

Logros: Si ha participado en proyectos exitosos que quiera destacar.

Afiliaciones: Si pertenece a organizaciones profesionales o sindicales.

Idiomas: Si no añadió esto en la sección de «destrezas fundamentales», puede crear un subtítulo aparte para «Idiomas.»

Otros beneficios: Si está en disposición de trabajar por la noche, de viajar o de seguir estudiando. Cualquier cosa que pudiera hacerle un empleado más deseable.

Un comentario sobre los informes de crédito

Si tiene mal crédito, puede tener mayor impacto que su capacidad de conseguir un préstamo. Podría impedirle el conseguir empleo.

Los empleadores miran con frecuencia el informe de crédito de un empleado potencial antes de decidir si van a ofrecerle un empleo.

La Comisión Federal de Comercio dice que, según la Ley de Informe de Crédito Equitativo (FCRA, sigla en inglés), un empleador debe obtener permiso suyo para revisar su informe de crédito. Probablemente le conviene decir que sí, aunque le preocupe un poco lo que el empleador pudiera llegar a ver. Si dice que no, y tiene todo el derecho a hacerlo, es probable que el empleador sospeche de la existencia de alguna actividad extraña y sienta desconfianza en contratarlo.

Si no consigue un empleo debido a lo que aparece en su informe (de crédito), el empleador debe mostrarle el informe y decirle como obtener una copia de la compañía de informe al consumidor. No hay cargos por el informe si lo solicita dentro de los 60 días siguientes a la notificación de que no consiguió el empleo.

Todo el mundo tiene derecho conforme a la ley a ver una copia de su informe de crédito una vez al año. Para obtener la suya visite la página web www.annualcreditreport.com. O haga un clic en el enlace de la página web de Esperanza USA (www.esperanza.us), o llame gratis al 877-322-8228. Es esencial que sepa lo que aparece en su informe y que dé pasos para corregir cualesquier problemas. Usted ciertamente no quiere perder una oportunidad de trabajo por causa del mal crédito.

Para informarse más acerca de cómo mejorar su crédito, revise nuestro libro «Cómo arreglar su crédito», disponible en la página web de Esperanza.

CAPÍTULO 5

La carta de presentación, las cartas de recomendación y las llamadas telefónicas

Cuando envíe su hoja de vida a un posible empleador, tiene que presentarse. Eso lo hace mediante lo que se llama una carta de presentación *(cover letter)*. Antes de que el empleador vea su hoja de vida, verá su carta de presentación.

Una carta de presentación es otra manera que tiene de distinguirse de todas las otras personas que solicitan el puesto que usted quiere. Cuando un empleador busca cubrir una plaza y se ve inundado con docenas de hojas de vida, usualmente unas pocas se destacan como dignas de una entrevista. En ese montón de hojas de vida, algunas personas pueden tener mejores calificaciones que las suyas, pero si causa una buena impresión con su carta de presentación, podrían querer conocerlo.

Lo mismo si solicita un empleo por correo electrónico o en papel, debe usar su carta de presentación como una oportunidad de captar la atención del empleador.

LO QUE UNA CARTA DE PRESENTACIÓN PUEDE HACER POR USTED

Imagine a una empleadora sentada ante su escritorio, cavilosa y esperanzada respecto a quién contratará para la plaza que debe cubrir.

55

Frente a ella hay una montaña de hojas de vida. Montones de páginas de inmaculado papel blanco, empleados potenciales, con experiencia de todo tipo. Todos aspiran al puesto.

Ella comienza a separarlas, una pila para las personas a quienes le gustaría entrevistar, otra para los que no reúnen los requisitos. Algunas de las cartas de presentación dicen simplemente: «Estimado Sr./Sra.: Creo que sería un estupendo candidato para ese empleo. Mi hoja de vida va adjunta». No despierta mayor interés, piensa la empleadora.

Luego se encuentra con una carta que es diferente. Le dice por qué ella quiere contratar a su solicitante que, sin duda, sobresale. La carta demuestra confianza. Le muestra que esta persona pertenece a la categoría de los que serán entrevistados.

Una carta de presentación debe ser algo más que una reiteración de su hoja de vida. A los empleadores no les causará ninguna impresión su carta si simplemente reitera las descripciones del empleo.

Vea, por el contrario, la carta de presentación como una oportunidad en que puede resaltar las cualidades que le ha costado trabajo insertar en su hoja de vida. Puede mostrar que sabe escribir oraciones completas y cómo comunicarse. Puede mostrar que desea el trabajo y que sería un magnífico contendiente.

CÓMO DEBE SER LA CARTA DE PRESENTACIÓN

Lo que el empleador espera encontrar en su carta de presentación. He aquí los temas en que debería pensar cuando se disponga a escribir la suya. (Luego de haber escrito su carta de presentación, regrese a esta lista y cerciórese de que no ha olvidado nada).

Papel:

- Su carta de presentación y su hoja de vida deben escribirse en un papel de alta calidad de 8½ x 11.
- Use un papel con colores que sean gratos a la vista, tales como el blanco y el crema. No se vuelva demasiado creativo.
- Escriba su carta en la computadora y hágala parecer profesional.

Si no tiene computadora, pídale a un amigo que lo ayude a usar una computadora en la biblioteca local. Las máquinas de escribir también sirven, no importa lo viejas que sean.

Información de identidad:

- El primer punto en una carta de presentación es la información de identidad —de usted y del empleador—(Fíjese en la muestra de la carta de presentación que aparece en este capítulo para ver el formato adecuado de una carta comercial).
- Cerciórese de usar la ortografía correcta del nombre del empleador y de que use la abreviatura inglesa *Mr.* (para señor) al dirigirse a un hombre y la de *Ms.* (indistintamente para «señora» o «señorita») al dirigirse a una mujer. Si el primer nombre de la persona puede ser lo mismo de mujer que de hombre, llame a la compañía y pregúntele a la operadora o recepcionista.
- Si un anuncio no da el nombre del empleador, intente conseguirlo. Llame a la compañía y pregunte. Si aún no lo puede conseguir, contemple el dirigir su carta a «Estimado Sr. o Sra. *(Dear Sir or Madam»)*, «A quien pueda interesar» o incluso a «Estimado gerente de contratación».

Lenguaje:

- Sea un poquito formal, y evite el uso de contracciones, tales como «*It's*, «*don't*» o «*I've*» tan frecuentes en el inglés coloquial.
- Es fácil comenzar una oración en primera persona cuando uno se refiere a sí mismo. Intente usar alguna variante y cerciórese del uso de oraciones en voz activa. Por ejemplo, en lugar de decir: «Este trabajo me mostró…», diga «En este trabajo, aprendí…»
- Al igual que con su hoja de vida, si no está seguro de que su inglés es correcto, pídale a alguien que le revise y corrija su carta, ya sea un amigo o un asesor laboral en un centro de *Career One-Stop*.

Un error gramatical u ortográfico en una carta de presentación podría hacerle perder el trabajo. Aproveche esta oportunidad para demostrar que usted es un buen escritor.

El cuerpo de la carta:

- Antes de escribir la carta, haga alguna indagación sobre la compañía de manera que pueda personalizar la carta para ellos.
- Ésta es su oportunidad de brillar. Dígale al empleador cuáles de sus cualidades y destrezas lo harán el candidato perfecto para este trabajo.
- Si solicita un puesto para el cual puede que no tenga suficiente experiencia, afirme sus rasgos positivos y válgase de la carta para explicar que es persona dinámica, laboriosa y que aprende con rapidez.
- Remítase al anuncio del trabajo y mencione que posee algunas de las destrezas que aparecen en él.

Longitud:

- No más largo de una página.

La despedida:

- Antes de concluir, pida una entrevista. Puede sugerir fechas y horas en que esté disponible. No sea arrogante ni exigente, pero deje bien sentado que está muy interesado y puede ser flexible.
- Cuando concluya su carta, use las fórmulas convencionales de «Atentamente» *(Sincerely)*, «Suyo, sinceramente» *(Yours truly)* o «Cordialmente» *(Cordially)*.
- No se olvide de firmarla.

LO QUE LAS CARTAS DE PRESENTACIÓN NO DEBEN SER NI CONTENER

- No repita su hoja de vida.
- No cometa errores de sintaxis o de ortografía.
- No envíe la carta equivocada a la compañía equivocada. Si no pone cuidado en personalizar sus cartas, puede olvidarse accidentalmente de cambiar el nombre del empleador o de la compañía. Usted no quiere darle a conocer a un empleador que está tratando de conseguir un empleo por todas partes, aunque eso sea la verdad.
- No diga nada negativo de usted. Si tiene aprensiones o carece de suficiente experiencia para el trabajo, no lo diga en la carta. Deje que el empleador decida.
- No incurra en confesiones íntimas. No necesita revelar datos personales, tales como su estado civil o cuantos hijos tiene. En la mayoría de los casos, esos datos no son de importancia para buscar empleo.
- No deje que una mancha de café viaje hasta la oficina del empleador. Sea pulcro.
- No sea ordinario. «Sírvase tenerme en cuenta para el puesto de chef» y «Estoy solicitando el empleo de chef» no son exactamente las afirmaciones que captan la atención, y podrían ser la primera línea de una carta de presentación de cualquier solicitante. En su lugar, pruebe algo como esto: «Su necesidad de un chef y mis dos años de experiencia en el restaurante ABC hacen una excelente combinación».
- No se olvide da añadir cualquier capacidad que tenga y que se mencionen en el anuncio.

Aquí tiene un modelo que tal vez querría usar para empezar. También puede encontrar otras cartas de muestra en la Internet en las páginas web que hemos mencionado a lo largo del libro, y *Monster.com* ofrece cartas de muestra para ocupaciones específicas.

Your Address
City, State, Zip

Date

Mr./Ms. Name
Human Resources
Company Name
Company Address
City, State, Zip

Dear Mr./Ms. [Last Name],

Use this paragraph to make the employer interested in you, and show something to make you stand out from the dozens of others applying for the job. Explain that your experience matches the company's need for an employee, and that you're interested in the company.

Show yourself off, here. Generally, list some of your skills and experience that fit the job posting. This paragraph should show the reader you have a lot to offer as an employee.

Talk in more detail about some of your on-the-job successes. Don't write too much here. You don't want to rewrite your resume, but give highlights of your best accomplishments.

Tell the reader, as you finish your letter, that you're looking forward to hearing from them, or you will call soon for an appointment.

Sincerely,

[Your Signature]

Your Typed Name

Su dirección
Ciudad, estado y zona postal

Fecha

Sr./Sra. Nombre y apellidos
Recursos humanos
Nombre de la compañía
Dirección de la compañía
Ciudad, estado y zona postal

Estimad(o/a) Sr./Sra. [Apellido]:

Dedique este párrafo a lograr que el empleador se interese en usted, y muéstrele algo que lo haga destacarse entre las docenas de otras personas que han solicitado el trabajo. Explique que su experiencia responde a lo que la compañía espera de un empleado, y que usted está interesado(a) en la compañía.

Dese a conocer aquí. Por lo general, apunte algunas pericias y experiencias que vengan bien a la plaza que se ofrece. Este párrafo debe mostrarle al lector que usted tiene mucho que ofrecerle como empleado.

Aborde con más detalles algunos de sus éxitos laborales. No escriba mucho aquí. Usted no quiere reescribir su hoja de vida, pero resalte sus mejores logros.

Dígale al lector, al terminar su carta, que espera tener noticias de la compañía, o que llamará pronto para obtener una entrevista.

Atentamente,

[Su firma]

Su nombre mecanografiado

LA APARIENCIA QUE UNA CARTA DE PRESENTACIÓN DEBE TENER

A continuación un ejemplo de una carta de presentación bien re-dactada

200–200 86th St.
New York, NY 10003

March 15, 2007

Mr. Jose Vega
Human Resources Manager
New York University Medical Center
550 First Avenue
New York, NY 10016

Dear Mr. Vega,

Your need for an Emergency Room staff nurse and my five years of experience in the ER at Long Island Jewish Medical Center (LIJ) seem to be a perfect match.

I'm a dedicated Registered Nurse with experience far beyond the ER. I've spent significant time in LIJ's Intensive Care Unit, Cardiac Care Unit and Pediatrics Unit. After broadening my knowledge and performing well in various departments, I've learned my home is the ER. The fast pace is made for me, and I'm at my best juggling a variety of cases in the most trying of circumstances.

I've recently won awards for patient care and family satisfaction at LIJ, and the same qualities I've demonstrated there will travel with me wherever I go. I'd love to bring my strong initiative, my ability to work well with all levels of ER staff and my energy to your hospital.

I believe I'd make a great contribution to New York University Medical Center. I've enclosed my résumé for your review. I look forward to the opportunity to discuss my skills further.

Sincerely,

Maria Vargas, R.N.

200–200 86th St.
New York, NY 10003

15 de marzo de 2007

Sr. José Vega
Administrador de Recursos Humanos
Centro Médico de la Universidad de Nueva York
550 Primera Avenida
Nueva York, NY 10016

Estimado Sr. Vega:

Ustedes necesitan una enfermera para la Sala de Emergencia y mis cinco
años de experiencia en la SE del Centro Médico Judío de Long Island
(LIJ) parecen capacitarme perfectamente para ese puesto.

Soy enfermera diplomada con gran dedicación por mi trabajo y con una
experiencia que trasciende el SE. He pasado bastante tiempo en la
Unidad de Terapia Intensiva, en la Unidad de Terapia Cardiovascular y
en la Unidad Pediátrica del LIJ. Luego de ampliar mis conocimientos y
de desempeñarme bien en varios departamentos, me he dado cuenta de
que la sala de emergencia es donde me encuentro más a gusto. El ritmo
acelerado de esa sala está hecho para mí, y me siento en mi elemento
manejando una diversidad de casos en las más apremiantes circunstancias.

En los últimos tiempos he ganado reconocimientos en el LIJ por atención al paciente y satisfacción de las familias, y las mismas cualidades
que he mostrado allí irán conmigo dondequiera que vaya. Me encantaría
poder aportar a su hospital mi vigorosa iniciativa, mi energía y mi
capacidad de trabajar bien con el personal del SE en todos sus niveles.

Creo que haría una magnífica contribución al Centro Médico de la
Universidad de Nueva York. Envío adjunto mi hoja de vida para que la
examinen. Y quedo a la espera de tener la oportunidad de conversar con
usted.

Atentamente,

María Vargas, E.G.

REFERENCIAS

Cuando alguien está pensando en contratarlo, quiere saber si va a ser un buen trabajador. La mejor manera en que [el empleador] puede saber más acerca de usted es dirigiéndose a las personas para las que ha trabajado en el pasado. Estos ex empleadores y colegas se denominan sus referencias.

Las referencias deben escribirse a máquina en un pliego de papel aparte de su hoja de vida. Es tan sencillo como escribir el nombre de las personas, cómo lo han conocido y por cuánto tiempo.

Algunos anuncios de trabajo exigen que envíe una lista de referencias con su hoja de vida. Otros no. Es inteligente enviar referencias, aun si el empleador no se las pide, porque eso muestra que usted es persona seria y que cuenta con otras que están dispuestas a hablar en su favor.

Cuando elija las referencias, no le dé simplemente a un posible empleador una lista de nombres y números de teléfonos de personas con los que ha trabajado en el pasado. Cerciórese de que escoge como referencias a personas que lo admiran y respetan su trabajo. Quiere que tengan cosas buenas que decir de usted.

Debería escoger a personas que hayan sido sus supervisores inmediatos y que conozcan sus destrezas, su actitud y su ética de trabajo. Si está tentado a usar al presidente de la compañía como referencia, debido a que tiene un título importante, pero con quien nunca trabajó directamente, está cometiendo un error. Cuando un posible empleador lo llame, no tendrá mucho que decir sobre usted.

También puede usar a alguien para quien no ha trabajado directamente, pero que no obstante conoce su trabajo. Por ejemplo, si trabaja en ventas, un cliente podría tener estupendas experiencias que compartir acerca de usted.

Si no cuenta con una gran experiencia laboral, no ponga los nombres de miembros de la familia que, por supuesto, dirán cosas amables sobre usted. Contemple mejor el mencionar a profesores, líderes comunitarios, asesores y otras personas que lo conozcan.

Antes de dar el nombre de alguien de referencia, cerciórese de que a esa persona le parece bien que lo añada a la lista. Simplemente, pregúntele. Dele una copia de su hoja de vida de manera que tenga a mano su historia profesional y sus talentos frescos en su mente.

Su lista de referencia no tiene que ser muy adornada: bastan los nombres, cargos, las señas dónde localizar a la persona y por cuánto tiempo la ha conocido y la relación con usted. He aquí un ejemplo:

Lista de Referencia de Víctor García

Referencia	Relación	Años que se conocen
Kevin Berns Supervisor, Limos-R-Us One Drivers Circle New York, NY 10006 ken@limos.com	El Sr. Berns ha sido mi supervisor desde que comencé en la compañía. Él puede confirmar mi récord como chofer seguro y confiable, lo muy complacidos que han estado mis clientes y mi capacidad de hacer mis recogidas a tiempo.	3
Sharon Milano 4 Tenth Street New York, NY 10006 Sharon@aol.com	La Srta. Milano ha viajado regularmente conmigo durante dos años. Puede dar fe de mi carácter cooperativo, mientras la llevaba semanalmente a sus citas médicas.	2
George Figueroa Super Drivers 110 Sixth Avenue New York, NY 10006 gwinston@superdrivers.com	El Sr. Figueroa fue mi patrón en TLC Cabs durante tres años. Él puede confirmar mis premios como «Taxista del mes» y mi voluntad de trabajar duro.	5

Cartas de recomendación

Las cartas de recomendación le ofrecen al empleador información semejante a las referencias, pero usted podría preferir esta variante. Le estaría entregando a los posibles empleadores cartas que provienen directamente de las personas que conocen su trabajo y que tienen cosas buenas que decir de usted.

La ventaja de usar cartas de recomendación es que un posible empleador puede tener mala suerte al usar una lista de referencia.

¿Qué pasa si las personas que ha dado como referencias se encuentran en reuniones y se olvidan de devolver las llamadas. O si tienen licencias de maternidad o se encuentran fuera asistiendo a una conferencia? No querría que a un contratante le resultara imposible ponerse en contacto con sus referencias. Pregúntele a esas personas que usaría como referencias si estarían dispuestos a escribir una carta de recomendación, y contemple la posibilidad de enviarlas con copia de su hoja de vida cuando solicite un empleo.

Seguimiento con llamadas telefónicas

Luego de haber enviado su carta de presentación, la hoja de vida y las referencias, es hora de sentarse y esperar. Pero sólo por corto tiempo.

Si el empleador lo llama para una entrevista. Magnífico. Todo marcha bien. Pero usted también puede hacerse cargo de la situación y llamar al empleador.

Si el anuncio del trabajo dice «no haga llamadas telefónicas», debe respetar eso. Pero si no dice nada sobre llamadas telefónicas, debería hacerle un seguimiento a sus correos. Puede darle un margen competitivo cundo le recuerde al empleador su interés en el trabajo y le ofrecería otra oportunidad de dar una buena impresión.

Una semana o diez días después de enviar su hoja de vida es un buen tiempo para llamar. Si logra que la persona encargada salga al teléfono, recuérdele quién es usted, en qué trabajo está interesado y pregúntele en que fase del proceso de contratación se encuentran en ese momento. Entienda que el empleador puede que no esté en modo alguno próximo a tomar una decisión, o ya la puede haber tomado de contratar a otra persona. Prepárese para el rechazo, pero también prepárese para responder algunas preguntas en una súbita entrevista por teléfono. (Hablaremos más acerca de las entrevistas en el próximo capítulo).

Si el empleador dice, «Gracias, pero no está preparado para el trabajo», agradézcale su franqueza y sinceridad, pero luego pregúntele si existen otros puestos en la compañía para los que pudiera estar preparado.

No se desanime. No todo el mundo está apto para todos los puestos. Incluso si lo rechazan, recuerde que está haciendo relaciones y adquiriendo práctica de hablar acerca de usted y de sus mejores cualidades. Y aunque el rechazo puede ser difícil de aceptar, es mejor saber si a uno lo están considerando o no para un puesto, de manera que pueda concentrar sus energías allí donde las tomarán en cuenta.

Recuerde que «no» significa «no» y que no debe insistir. No debe dejarle cinco mensajes diarios al contratante. La persistencia es una cualidad positiva, pero no quiere predisponer en contra suya al contratante por ser demasiado agresivo. Si no le devuelven las llamadas, dese por aludido y concéntrese en la siguiente oportunidad.

Lleve un registro

Cuando anda a la caza de un trabajo, está destinado a confundirse respecto a todas las hojas de vida y cartas de presentación que envía. Puede ver algunos listados de empleos más de una vez en diferentes páginas web y hay tantos que puede resultar difícil recordarlos. Para aliviar la confusión, de manera que pueda estar dispuesto cuando suene el teléfono, lleve un registro de a cuáles anuncios ha respondido y en qué fecha.

Búsquese un cuaderno sencillo y escriba unas cuentas columnas. Algo semejante a esto:

Empleador	Empleo	Fecha enviada	Notas
Compañnía ABC José Green 123 A Street Town, City, Zip code	Peinadora	5 de agosto	Llamé el 12 de agosto. José Green de vacaciones hasta el 17. Volver a llamar.
XYZ Hair and Nails María Rodríguez 14 B Street Town, City, Zip Code	Peluquera	5 de agosto	Llamé el 12 de agosto. María Rodríguez dijo que aún no estaban haciendo entrevistas Llamar el 20 de agosto.
KLM Hairstyles Sarah McFarley 32 Fourteenth Street Town, City, Zip Code	Estilista	5 de agosto	Llamé el 13 de agosto. Ya habían dado el puesto.

CAPÍTULO 6

Prepárese para la entrevista

Ha llegado el momento esperado: la entrevista de trabajo. Ésta es su oportunidad de sobresalir como el candidato que quieren contratar. Muéstreles de qué esta hecho.

Lo fundamental

Olvídese por un momento de lo que va a decir y hacer cuando llegue a su cita. Hay algunos aspectos que debe considerar primero. Algunos pueden parecer obvios, pero son tan importantes como su hoja de vida. Quiere hacer una impresión duradera en un sentido positivo.

LLEGUE A TIEMPO

No querría tener que comenzar su entrevista con una excusa por tardanza. Los empleadores quieren que los empleados sean puntuales, y no quieren excusas. Si llega tarde a su entrevista, el empleador podría pensar que usted suele atrasarse, y por tanto puede asumir que con frecuencia llegará tarde a trabajar.

Si su entrevista está fijada para las 10:00 A.M., propóngase estar allí a las 9:50 A.M. Siempre trate de estar un poco antes. El empleador puede tener algunos formularios para que usted los llene antes de empezar la entrevista. Si llega muy temprano, siempre podría darse una vuelta por el barrio y tomarse una taza de café.

Estar a tiempo significa que tiene más probabilidades de sentirse relajado al llegar.

NO SE PIERDA

Consiga las señas de la compañía y cómo llegar a ella cuando fije la hora de su entrevista, y si las olvida vuelva a llamar y pregúnteselas a la recepcionista. También puede buscar la dirección de la compañía en la Internet y valerse de servicios tales como MapQuest.com para fijar el recorrido.

Si va en su auto o toma un autobús o un tren, es importante que sepa exactamente donde debe ir y que tiempo le llevará llegar. Si no está familiarizado con la zona donde se localiza la compañía, dese un viaje de prueba. Tome nota de cómo llegar y cerciórese de llevarla consigo el día de la entrevista. No querría llamar al contratante y decirle que se ha perdido en el momento en que debía reunirse con él.

HAGA PLANES CONTINGENCIALES

Si tiene niños pequeños que necesitan quien los cuide cuando vaya a su entrevista, o si usualmente cuida a un pariente anciano, debe hacer alguna planificación adicional. Concierte el cuidado de sus hijos con la niñera A, y luego llame a la niñera B para cerciorarse de que estará disponible si la primera niñera tiene que cancelar. Si sus hijos usualmente están en la escuela, compruebe que alguien podrá recogerlos si se enferman. Y finalmente, confirme que alguien pueda recogerlos al terminar las clases en caso de que su entrevista dure más de lo esperado.

VÍSTASE PARA LA OCASIÓN

Puede considerar que la manera que tiene de vestirse y las prendas de adorno que usa forman parte de como usted se expresa. Eso está bien cuando está en sus horas libres; pero cuando está en el trabajo, su empleador puede esperar que se adapte a la cultura de la compañía, lo que también se conoce por cultura corporativa.

Las compañías gastan fortunas para establecer su cultura y su pauta, y esperan que sus empleados se ajusten a ello. Llevar uniforme, vestirse más conservadoramente o quitarse una argolla de la nariz mientras se encuentra en el trabajo no significa que renuncie a una parte de usted o de su cultura. No constituye una traición a sus valores, ajustarse a las expectativas de su empleador. A cambio del salario, ha aceptado sujetarse a las normas de un empleador mientras se encuentre en el trabajo. Cuando se trata de su propio tiempo, haga lo que le plazca.

Por ejemplo, McDonald's quiere que sus empleados lleven uniforme, y que los clientes se concentren en la comida que van a comprar, no en la argolla que lleva la cajera en la nariz. Muchos lugares de trabajo esperan que sus empleados se vistan conservadoramente y desaprueban la moda del momento. Los pantalones abolsados, las miniblusas y las sandalias pueden ser correctas en su comunidad o en ciertos ambientes sociales, pero no en la mayoría de los centros de trabajo.

De adolescente, fui a una entrevista de trabajo a una conocidísima y elegante tienda de ropa. Yo iba de camisa oscura y pantalones, un atuendo que era común en Nueva York, donde yo vivía entonces. En mi entrevista, el empleador me preguntó si estaba en disposición de comprar en la tienda y vestirme conforme a su estilo, que en general estaba considerado más clásico, pero que me haría parecer como un extraño en mi vecindario. Necesitaba el trabajo, así que para la segunda entrevista, fui de pantalones caqui, camisa clara convencional y una corbata azul. Obtuve el empleo y aprendí una gran lección. El parecer más clásico o tradicional en mi atuendo no cambió quien yo era, pero ajustarme a las reglas de la tienda me permitió tener un empleo estable y me ayudó a pagar la universidad. Fue una concesión que me hizo más fuerte.

En lo que a su entrevista respecta, vístase para la ocasión. Estudie la compañía y adquiera una idea de su cultura corporativa: atuendo empresarial y ropa conservadora rara vez provocan la objeción de un empleador. Trate de integrarse. No cambiará su naturaleza, sino que se dará a sí mismo la oportunidad de incorporarse al grupo.

Recuerde, sus compañeros de trabajo aprenderán acerca de usted y su cultura a través de su personalidad. No estará traicionándose, ni traicionando a su cultura, por vestirse de cierta manera. Esto puede ser una transición difícil. Con frecuencia puede producirle estrés, no sólo de su parte mientras intenta «ajustarse» a la ropa adecuada, sino con sus amigos y familia. Muchas veces los cónyuges se preocupan de que su imagen corporativa «lo esté cambiando». Explíquele a cualquiera que le pregunte que sus cambios son para su empleador, pero que su alma y su espíritu siguen siendo los mismos.

LA NARIZ SABE

Cuando se reúna con el entrevistador por primera vez, aspire a que él o ella se concentre en lo que tiene que decir, no en cómo huele. Haga el mayor esfuerzo por eliminar las distracciones.

❑ **Colonia o perfume:** Le puede encantar cierta fragancia, pero podría distraer la atención de lo que dice en el marco de una entrevista. Ese perfume podría incluso recordarle al entrevistador a una ex novia —o novio— con quien ha tenido una mala ruptura. No necesita que ese recuerdo empañe su imagen a los ojos del entrevistador.

❑ **Fumar:** Si fuma, intente no fumar al menos por 30 minutos antes de la entrevista. El olor se le quedará en la ropa y en la piel y el entrevistador lo notará.

❑ **Menta para el aliento:** Aunque se cepille los dientes con regularidad, podría padecer de mal aliento. Chúpese una pastilla de menta antes de entrar a la reunión (pero no vaya a mascar chicle).

❑ **Olor corporal:** Muchas personas que padecen de olor corporal ni siquiera se dan cuenta de que tienen un problema. Use desodorante y esfuércese en conservarse limpio.

❑ **Cabello y uñas:** Cerciórese de que está bien peinado y de que tiene las uñas recortadas y limpias.

Prepárese mentalmente

El acudir a una entrevista de trabajo pone nerviosa a la mayoría de la gente, no importa cuán exitosa haya sido. Tener maripositas en el estómago es comprensible. Está pensando en cuánto anhela este empleo y no quiere estropear la oportunidad.

Sentirse nervioso, o nerviosa, está bien, pero hay algunas medidas que puede tomar para contribuir a sentirse más relajado. El sentirse preparado le tomará un gran trecho.

INDAGACIÓN

Si aún no lo ha hecho, indague sobre la compañía con la que va a sostener la entrevista. Cuanto más sepa acerca de la empresa, tanto más cómodo se sentirá. Irá armado con el conocimiento de que entiende la compañía, sus objetivos y lo que probablemente quiera de un empleado.

Comience su búsqueda por Internet con sitios como Google.com o Yahoo.com. Sencillamente, escriba el nombre de la compañía y vea lo que aparece. Puede encontrar muy útiles algunos detalles nuevos sobre la compañía, u otra información acerca de campañas de mercadeo y publicidad de sus productos. También puede informarse acerca de la compañía y sus objetivos en su propria página web, que la puede encontrar valiéndose de un buscador o poniendo el nombre de la compañía y agregando un «.com» al final.

¿De qué quiere enterarse? De todo lo que pueda relacionarse con el empleo que ha solicitado.

PRACTIQUE LAS PREGUNTAS DE LA ENTREVISTA

Piense en el empleo que está solicitando e intente anticipar lo que el empleador pueda preguntarle. Es probable que le pregunte de sus empleos anteriores o de alguna otra experiencia previa. Búsquese un amigo que mire su hoja de vida y le haga las preguntas, como si estuviera en la entrevista.

Hay muchas páginas web que ofrecen cuestionarios de entrevistas comunes y sugieren respuestas. No tiene que memorizar lo que dicen, pero vale la pena echarles un vistazo para obtener algunas ideas.

❏ College Grad: www.collegegrad.com
❏ Job Interview: www.job-interview.net
❏ Monster.com: www.monster.com

Antes de entrar a la entrevista, es importante que sepa que no todas las preguntas que hace un entrevistador son legales. Hay leyes que juzgan como ilegales algunas preguntas que un entrevistador puede hacer, especialmente preguntas personales que no tienen nada que ver con el empleo en cuestión. El gobierno considera que es discriminatorio preguntar acerca de:

Raza	Religión	Edad
Color de piel	Origen nacional	Discapacidad
Sexo	Lugar de nacimiento	Estado civil/familia

Porque se supone que un entrevistador no haga preguntas ilegales, eso no significa que no vaya a hacerlas. Si surge una pregunta ilegal, recuerde que puede controlar la información a ofrecer, así como el tema a discutir.

Si surge un tópico ilegal, intente cambiarlo o llevar la conversación de nuevo hacia el cauce apropiado. Si le preguntan, «¿Cuántos hijos tiene?», contemple el responder: «Los hijos son maravillosos, pero prefiero concentrarme en esta oportunidad de trabajo». Si le preguntan de qué país proviene, dígales cuánto le gusta vivir en Estados Unidos, y que espera contribuir con la comunidad mediante su trabajo.

La frontera entre qué preguntas son ilegales y cuáles son simplemente inadecuadas es difícil de establecer. A continuación algunos ejemplos de preguntas dudosas y cómo podría enfrentarse a ellas:

❏ «*¿De dónde es?*» Gracias a la Ley de Derechos Civiles de 1964, a los empleadores no se les permite discriminar en base al origen nacional. Asimismo, es ilícito preguntar: «*Tiene un acento inusual. ¿De dónde viene?*» «*¿Cuál es su lengua materna?*» «*Tiene un nombre poco común. Cuénteme sobre eso*». Si un entrevistador le pregunta —ilegalmente— de alguna forma de dónde proviene, le puede responder preguntándole cómo su origen nacional afecta su empleo.

Para la mayoría de los empleos, no lo afectará, y eso es lo que hace la pregunta ilícita.

❑ «*¿Cuál es su religión?*» Para la mayoría de los empleos, la religión es irrelevante, por tanto, hacer la pregunta es discriminatoria. Una excepción puede ser si solicita empleo en una institución religiosa que puede exigirle a sus empleados el que profesen esa religión. En lugar de responder, pregúntele al entrevistador por qué él o ella quiere saber.

❑ «*¿Es casada?*» En lugar de hacer esta pregunta directamente, el entrevistador puede decir. «*¿Prefiere que la llamen Sra. o Srta.?*» La pregunta por sí misma no es ilegal, ya que ninguna ley la protege de discriminación en base al estado civil, pero ciertamente es inadecuada en la mayoría de las circunstancias. En respuesta, podría preguntar por qué el entrevistador hace la pregunta. Puede ser como parte de una charla trivial, o podría haber una razón mayor. Podría intentar decidir si llegaría a distraerse de su trabajo por motivos personales. Podría evitar el responder directamente, diciendo que su primer compromiso es el de su carrera.

❑ «*¿Tiene hijos?*» o algo parecido, «*¿Está contemplando el tener hijos?*» o «*¿Quién se ocupa de sus hijos cuando trabaja?*» tampoco son preguntas ilegales, pero la legalidad depende más de la razón que se esconde detrás de la pregunta. El entrevistador puede estar tratando de calcular si va a faltar muchas veces por enfermedad porque su hijo ha regresado enfermo de la escuela, o si tiene una niñera confiable durante sus horas de trabajo, o si se propone tomar pronto una licencia de maternidad. Aunque la pregunta es inadecuada, podría decirle al entrevistador que dispone de cuidado infantil confiable, o responderle que su trabajo es su primera prioridad, sin llegarle a decir nunca si tiene o no hijos.

❑ «*Por favor, denos el nombre de alguien a quien llamar en caso de que se presente una emergencia?*» Antes de ser contratado, esta pregunta es inadecuada, y podría ser un modo de que se vale el entrevistador para obtener información sobre su estado civil o incluso para saber dónde trabaja su cónyuge. Puede responderle diciendo que no tiene los números de teléfono consigo en ese momento, y probablemente ahí concluya la indagación. Siempre puede rehusar responder a una pregunta, pero sepa que puede no conseguir el empleo si el entrevistador no se siente satisfecho con su respuesta, o con su falta de respuestas. (De todos modos, ¿quiere realmente trabajar para alguien que haga preguntas ilegales?).

Si percibe que le han negado un empleo debido a una discriminación, o porque respondió a preguntas ilegales y cree que sus respuestas no cayeron bien, tiene algunos recursos. La Comisión (federal) de Igualdad de Oportunidades en el Empleo (EEOC, sigla en inglés) es una agencia del gobierno encargada de investigar reclamaciones por discriminación. Para ponerse en contacto con la EEOC, visite la página web www.eeoc.gov, o llame al 1-800-669-4000.

Si está preocupado con una pregunta que le hicieron, piense antes de acudir a la EEOC. Muchos entrevistadores pueden no darse cuenta de que sus preguntas son ilegales, o pueden no haber tenido un motivo ulterior al preguntar. Reflexione sobre cuál ha sido su intención antes de decidirse a actuar.

MANTENGA LA CALMA

Si está sentado en el salón de espera antes de que lo llamen a la entrevista y su corazón se mantiene latiendo a prisa, pruebe a aplicar algunas técnicas para calmarse.

Comience con la respiración. Tal vez suena como una tontería, pero alargar la respiración le ayudará a relajarse. Inhale a través de la nariz y exhale lentamente a través de la boca. Cuente las respiraciones mientras lo hace. Concéntrese, y podrá dejarle de prestar atención a sus nervios.

Contemple la posibilidad de usar la oración o de pedir la orientación divina para, en primer lugar, calmarse los nervios y, en segundo, ayudarle a concentrase en la entrevista que está a punto de tener. Si se pone nervioso por tener una entrevista con un individuo, tómese el tiempo para compartir su ansiedad con Dios. Piense en esto. Acaba de tener una conversación con el Creador de todo lo que existe. Luego, ir a tener una conversación con una persona ordinaria debería ser fácil en comparación.

Tenga una visión positiva. Puede sentirse inquieto y puede necesitar este trabajo, pero el empleador también necesita contratar a alguien, y ésta no es tampoco la única oportunidad de empleo que va a tener en su vida. Aún si no consigue el trabajo, constituye una experiencia de aprendizaje que lo familiarizará con el proceso para que se desempeñe mejor la próxima vez. Ha practicado y se ha preparado para este momento. No deje de disfrutarlo.

Lo que debe llevar

Cuando acuda a su entrevista, lleve unas cuantas cosas consigo.

Unas cuantas copias de su hoja de vida. El empleador ya puede tenerlas, pero en su entrevista nunca se sabe con cuántos funcionarios de la compañía se reunirá. Tenga copias adicionales a mano.

Lleve también copias adicionales de su lista de referencia. Inste al empleador a llamar a las personas que ha dado de referencia. Eso les mostrará que confía en sus destrezas y en lo que la gente tenga que decir acerca de usted.

En dependencia del empleo, puede tener algunos documentos relacionados con el trabajo que quiera mostrar, tales como ejemplos de un anuncio que haya creado, muestras de sus escritos o incluso un portafolio. Lleve todo lo que pueda relacionarse con el empleo que busca.

Lleve un cuaderno de notas y una pluma. Puede encontrar útil tomar algunas notas cuando el empleador esté hablando, o puede apuntar cualquier pregunta que le venga a la mente durante la entrevista. Más tarde, puede remitirse a sus notas cuando llegue el momento de preguntar.

Una buena primera impresión

Hay muchas maneras de impresionar a los demás. Entrar a la entrevista con confianza, mirar al empleador a la cara y sonreír contribuirán a su éxito. He aquí algunos consejos para ayudarle a ajustar positivamente su comportamiento:

- **El saludo.** Es tradicional en las reuniones de negocios el darse la mano, lo mismo si es hombre o mujer. Hay muchas maneras de darse la mano, y la mayoría distan de ser perfectas. Fíjese como hacerlo bien. Cuando se encuentre a la persona con quien va a entrevistarse, mírele a los ojos y extiéndale la mano derecha. Tome con firmeza la mano de la otra persona, pero no demasiado fuerte. Un débil apretón de manos o uno que, por otra parte, se demore demasiado puede dar la impresión de que se encuentra nervioso o que incluso no es digno de confianza. Si los nervios le hacen sudar las manos, trate de secárselas antes de ver al entrevistador.

- **Saque a relucir sus buenos modales:** A riesgo de sonar como su madre, compórtese lo mejor que pueda y reprima los malos hábitos que pueda tener. Diríjase a la persona con quien se reúne por su apellido, anteponiéndole el tratamiento de Sr. o Sra. (*Mr.* o *Ms.* en inglés), a menos que le diga que la llame por su nombre de pila. Siéntase derecho y no se repantigue en el asiento. No use un lenguaje obsceno ni de ninguna jerga, que le harán parecer poco profesional. Muestre que tiene dominio del idioma inglés.

- **Tenga una actitud positiva:** su verdadera naturaleza debe salir a relucir cuando se encuentra en una entrevista y hablando de usted mismo. Cerciórese de sonar optimista y positivo y el empleador pensará que es una persona resuelta. Una actitud negativa transmite la impresión de que es alguien que no está en disposición de hacer el trabajo. Si le hacen una pregunta difícil acerca de su experiencia pasada o de su falta de experiencia, arrégleselas para responder con optimismo acerca de sus planes para el futuro y que espera realizar con este trabajo.

- **Véndase bien.** Debe ser su mejor abogado. Si no le dice al empleador lo extraordinario que es usted, ¿quién más se lo dirá? Ahora bien, eso no significa que deba alardear y decir literalmente: «soy un tipo estupendo, contráteme». En lugar de eso, concéntrese en las cualidades positivas que lleva a la mesa y converse sobre lo que puede hacer para el empleador y la compañía. Si esperaba que el entrevistador le preguntara sobre los logros que aparecen en su hoja de vida, y no lo hace, provoque la oportunidad durante la conversación y refiérase a ellos.

Pruebas en la entrevista

En dependencia del tipo de empleo que solicite, podrían pedirle que realice una prueba durante la entrevista. Para un puesto de secretario, podría tener que someterse a un examen de mecanografía o de procesamiento de texto. Otros empleos podrían exigir que demuestre su capacidad de escribir mediante la redacción de un memorándum u otra comunicación interna de la oficina.

Si se trata de una prueba escrita, tómese tiempo adicional para verificar la ortografía y la sintaxis. Ésta es otra oportunidad para demostrar su dominio del inglés.

Los empleadores pueden pedirle que tome las pruebas para medir su conocimiento. Esto también puede probar indirectamente su conciencia cultural y su disposición a cumplir las reglas.

Por ejemplo, digamos que ha solicitado trabajo en una tienda. En su entrevista, puede que le pidan que tome un examen escrito para ver cómo reaccionaría ante ciertas situaciones. Imagínese la pregunta:

> Se encuentra trabajando en la tienda y su mamá viene de compras. Ve que toma algunos artículos y se los guarda en su bolsa sin pagarlos. Usted:

a. No le dice nada, pero después que se va de la tienda, se lo dice a la gerencia y paga los artículos que se llevó.

b. Le dice a ella que los devuelva y la envía a casa. Luego compra los artículos y se los lleva a casa.

c. Llama a la policía.

Por supuesto, su preferencia sería que su madre no tuviera ningún conflicto con la ley. Usted más bien pagaría los artículos después que ella se fuera para no tener que confrontarla ni decirle que los devuelva para luego comprárselos de todos modos. Robar es ilegal, punto. El empleador querría que su respuesta fuera llamar a la policía. Si diera esa respuesta, es posible que alguien le pregunte: «¿realmente denunciaría a su propia madre?» Podrían intentar atraparlo aquí, especialmente si no están muy seguros de que quieren contratarlo. No les dé la oportunidad de negarle un empleo en base a su respuesta. En este caso, debe decir: «la ley es clara y si la norma de la compañía es llamarle la policía a los ladrones, eso es lo que yo haría».

Seguimiento con una nota

Luego que salga de su entrevista, vaya a casa y escríbale una nota a cada una de las personas con quienes se entrevistó. Debe ser breve y sencilla, agradeciéndoles la oportunidad de reunirse con ellos para discutir el trabajo. Debería ser algo así:

Su calle
Su ciudad, estado y zona postal
Su dirección electrónica

La fecha

Sr. o Sra. Nombre y apellido
Cargo
Nombre de la compañía
Calle
Ciudad, estado y zona postal

Estimado señor o señora [apellido de la persona]:

Fue un placer reunirme con usted para conversar acerca de la plaza de [nombre aquí el tipo de trabajo] en [nombre de la compañía]. El trabajo se adaptaría perfectamente a mis capacidades. [«Diga algo específico acerca de lo que exige el empleo y mencione aquí una de sus destrezas adecuadas para este empleo»].

Además de mi elevado nivel de energía [u alguna otra cualidad], le aportaré al empleo [mencione aquí tres destrezas diferentes]. Mi experiencia con[mencione aquí tres experiencias del pasado] me harán ajustarme muy bien a [mencione aquí alguna tarea en particular de que hablaron durante la entrevista].

Una vez más, aprecio el tiempo que se tomó en entrevistarme. Creo que sería una magnífica adición a su equipo, y espero oír de usted acerca de este puesto.

Atentamente,

Su firma

Su nombre y apellidos

Consiga un sello y envíe la carta rápidamente, para que el entrevistador la reciba mientras la entrevista está aún fresca en su mente.

Consolide su triunfo

¡Felicitaciones! Usted ha recibido una oferta de empleo. Es un momento muy emocionante, y debe disfrutar la sensación de triunfo. Pero antes de preguntarle a su nuevo empleador «¿Cuándo empiezo?», debe cerciorarse de que ha conseguido el mejor arreglo posible. Va a sentirse excitado y nervioso durante esta primera llamada telefónica, y hay muchas posibilidades de que se le olviden hacer muchas preguntas sobre el trabajo y sus responsabilidades, así como sobre sus compensaciones y beneficios.

Cuando un empleador lo llama con una oferta de empleo, dele las gracias y tome nota de lo que él o ella le dicen acerca de su puesto, el salario y todo lo demás que surja durante la conversación. Luego pregúntele al empleador si puede tomarse más o menos un día para pensar al respecto y llamarlo al día siguiente.

Use sabiamente ese tiempo adicional. Puede usar el tiempo para pensar en todos los interrogantes que tiene sobre el empleo. Haga una lista con ellos. El empleador deberá sentirse feliz en responder sus preguntas cuando lo llame.

Preguntas que hacer

Antes de decir «no quiero hacer preguntas. Necesito este puesto y no quiero estropear esta oportunidad», cálmese. Los empleadores esperan que los futuros empleados hagan preguntas acerca de un empleo y sus ventajas. Esperan incluso que pida más de lo que le ofrecen. Desde luego, usted no querría que lo vieran como una plaga antes de comenzar a trabajar, pero sí quiere cerciorarse de que va a lograr un trato razonable por el trabajo que le ofrecen. Ahora bien, si muestra una mala actitud al tiempo de solicitar la información, el empleador podría pensar que comete un error ofreciéndole el empleo. Pero si asume un estilo profesional, pocos empleadores esgrimirán las preguntas en contra suya.

EL SALARIO

Antes de que comience a conversar sobre el salario con su futuro empleador, debe tener una idea de lo que otras personas ganan en el desempeño de puestos semejantes en compañías parecidas. *Salary Wizard* de Salary.com (www.salary.com) es una herramienta que encontrará en muchas páginas web dedicadas a empleos. Le permite ver la escala salarial en el giro basada en el cargo y la zona postal. Al obtener información sobre el empleo, intente saber más sobre el tema, y tendrá una idea de lo que le deben pagar.

Una vez que esté algo enterado de las tasas actuales, tenga en cuenta su experiencia, y las destrezas que usted le ofrecerá al empleador y si ese empleo significa un ascenso para usted. Si es un ascenso, podría estar dispuesto a aceptar un salario más bajo a cambio de la experiencia que obtendrá. Si ya tiene una experiencia significativa en ese campo, el empleador debería estar dispuesto a pagar un incentivo por un trabajador experimentado. Si cree que merece más, la única manera de obtenerlo es pidiéndolo. De modo que debe estar preparado para negociar. La conversación sobre su salario probablemente comenzará de una o dos maneras: el empleador le dirá la cifra en dólares que está dispuesto a pagarle, o le preguntará cuánto quiere que le paguen. Debería abordar ambas estrategias de distinta manera:

UNA CIFRA EN DÓLARES

Si el empleador le ofrece una cifra en dólares, tenga presente los resultados de su indagación respecto a cuánto suele pagarse por esta clase de puestos. Si la cifra que le ofrecen concuerda con eso, tiene un mag-

nífico punto de partida. Correcto, un punto de partida. Los empleadores esperan que los empleados pidan más dinero. (Por lo general es
más fácil ganar más dinero a lo largo del tiempo si negocia un buen
precio antes de empezar el trabajo. Pedir aumentos después puede ser
más difícil).

Por ejemplo, imagine que el empleador comienza con una oferta de
30.000 dólares. Ha trabajado antes en este campo y las especificaciones del empleo se avienen exactamente con sus capacidades. Gracias a
su indagación, sabe que el pago por lo general oscila entre 28.000 y los
38.000 dólares, dependiendo de la experiencia. Usted tiene la experiencia que el empleador busca, así que parte de una posición venta-
josa. Contemple una contraoferta, diciéndole algo así: «la indagación
que he hecho arroja que el salario para este tipo de trabajo oscila entre
los 28.000 y los 38.000 dólares, y tengo cuatro años de experiencia.
Esperaba un salario en el tope de esa escala». Espere luego una respuesta. El empleador podría volver inmediatamente con una cifra
mejor, o tendría que pedir la autorización de su jefe. Eso esta bien. Por
otra parte, podría decirle que eso es todo lo que la compañía puede
pagar por este trabajo. En ese caso, tiene que decidir si está dispuesto a
hacer el trabajo por ese salario.

¿CUÁNTO DINERO QUIERE QUE LE PAGUEN?

La conversación sobre el salario puede ser más difícil si en lugar de
hacerle una oferta, el empleador le pregunta cuánto quiere que le
paguen. En este punto necesita ser paciente, y en parte político. No
quiere alarmar ni ofender al empleador por pedirle un salario ridícu-
lamente alto.

En lugar de hacer eso, use de nuevo los resultados de su indagación, y prepárese para hacer su propia defensa. Tome el mismo puesto
que antes, que tiene una escala salarial entre los 28.000 y 38.000 dólares al año. Si tiene muchos años de experiencia, dígale al empleador
algo como esto: «he desempeñado mi trabajo actual para la Compañía XYZ durante cuatro años y he adquirido todas las destrezas
que necesita alguien en el puesto que ustedes ofrecen. La indagación

que he hecho al respecto arroja que este trabajo paga por lo general entre 28.000 y 38.000 dólares, con salarios aún mayores para trabajadores experimentados. Creo que me encuentro entre los más experimentados».

Aquí también, el empleador puede hacerle inmediatamente una oferta suficiente, o puede tener que volverlo a llamar. Si le dicen, «lo siento, no podemos pagar esa cantidad», debe decidir si el trabajo vale la pena.

NEGOCIE POR LOS BENEFICIOS

Si un empleador no puede o no quiere ofrecerle un salario más alto, pero aún le interesa el trabajo, tórnese creativo. Dígale que aceptaría el empleo, pero que necesitaría tres semanas de vacaciones en vez de dos. O tal vez el empleador estaría dispuesto a pagarle sus primas del seguro médico durante cierto tiempo. O incluso concederle un bono de contratación que es común en muchos puestos de ventas.

REHUSAR UN EMPLEO

Si una nueva oferta de empleo no significa un ascenso en relación con su trabajo actual, o si no va a proporcionarle bastantes cosas de las que necesita en un trabajo, nadie le dice que tenga que aceptarlo. Si la oferta no es lo que necesita, o lo que quiere, prepárese para retirarse (si lo hace, y el empleador realmente lo quiere, puede buscarlo hasta después de que le ha rechazado su oferta).

SEGURO MÉDICO Y DENTAL

La mayoría de los empleos, si no todos, ofrecen seguro médico o dental, o ambos. Esto puede agregarle un valor significativo al total de su oferta de empleo. Un seguro médico significa que podrá afrontar mejor el costo de la atención médica de su familia si alguien se enferma y necesita un médico, o peor aún, si termina ingresado en un hospital.

Algunos planes de seguro de empleadores son mejores que otros. No espere que el empleador vaya a decirle si su gimnasio favorito se incluye en el plan de salud de la compañía, pero sí debería informarle de los beneficios básicos. Algunas preguntas que hacer:

- ¿Ofrecen seguro médico o dental?
- ¿Qué tipos de planes ofrecen?
- ¿Cuáles son los costos o las primas?
- ¿Tendrá derecho mi familia, o mis dependientes, a la protección del seguro?

El seguro de salud que proteja a toda la familia podría costarle cientos de dólares al mes. Cuando agrega este valor a su compensación salarial, puede hacer que el empleo parezca aún mejor.

BENEFICIOS DE JUBILACIÓN

Muchas compañías ofrecen planes de ahorro para la jubilación como un beneficio a sus trabajadores. Los planes varían, pero los más comunes para las compañías públicas (los llamados planes 401(k)) y para hospitales y escuelas (los planes 403(b)) le dan a los trabajadores una oportunidad de ahorrar una parte de su salario que se destina a una cuenta de inversiones para la jubilación. Como incentivo, muchas compañías también ofrecen la llamada equiparación de fondos. Esto significa que por cada dólar que ahorra en el plan, la compañía añade un dólar a su cuenta, hasta un cierto límite. El ahorrar en estos planes conlleva también ventajas fiscales. (Todos los detalles del plan se le explicarán durante su orientación en los primeros días de trabajo).

Si es joven, esto podría no parecerle un gran negocio. Pero lo es. No querría seguir trabajando hasta los 90 años, si puede evitarlo, e incluso si tiene derecho a los beneficios del Seguro Social del gobierno de EE.UU., estos ingresos podrían no bastarle para cubrir todos sus gastos cuando esté jubilado.

La equiparación de fondos es esencialmente dinero gratis. Incluso si se va algún día de la compañía, seguirá conservando el dinero. (Algunas compañías dicen que debe trabajar durante cierto número de años para conservar sus fondos equiparados, pero el dinero que usted ha puesto en la cuenta siempre será suyo).

DÍAS PERSONALES, DÍAS POR ENFERMEDAD, VACACIONES Y DÍAS FERIADOS

Muchas compañías ofrecen días libres pagados a los empleados, entre ellos cierto número de días personales o días por enfermedad al año, algún tiempo de vacaciones y días feriados pagados. Pregúntele al empleador a cuántas semanas de vacaciones y días feriados se espera que tenga derecho. En dependencia del tipo de compañía y del tipo de trabajo que esté contemplando, los días libres pueden variar. También debe preguntar cuál es la política de la compañía respecto a la licencia por maternidad y paternidad.

GUARDERÍAS INFANTILES

Los empleadores intentan cada vez más equilibrar el trabajo de sus empleados con su vida familiar. En tal sentido, muchos han abierto guarderías infantiles en las instalaciones de la empresa para los niños de sus trabajadores. Si tiene niños y necesita que se los cuiden, pregunte si el empleador ofrece una instalación idónea en el lugar. Si no la ofrecen, pueden tener algún acuerdo con alguna guardería infantil de la localidad a la que la compañía subsidia por cuidar los niños de sus empleados. (Eso significa que usted paga parte de los costos y su compañía paga otra parte). Esos beneficios pueden añadirse también.

EVALUACIONES DE RENDIMIENTO Y AUMENTOS DE SUELDO

Después que haya estado trabajando durante varios meses, es probable que su empleador le haga una evaluación, durante la cual usted se sentará con su supervisor y discutirá cómo ha sido su desempeño en la compañía hasta el presente. En ese momento, el empleador puede ofrecerle un aumento. Pregúntele a su futuro empleador cuándo puede esperar una evaluación de rendimiento, a qué le dará derecho y si debe esperar aumentos después de cada evaluación positiva. Luego de su primera evaluación, también debería preguntar cuán a menudo se contemplan los aumentos.

¿CON QUÉ FRECUENCIA ME PAGARÁN?

La frecuencia en que le pagan a los empleados varía de una compañía a otra. En algunas se hacen los pagos una vez a la semana, en otras son quincenales y algunas incluso pagan sólo una vez al mes. Otras pueden pagar con retraso; por ejemplo, le retienen la primera semana, y en la segunda semana le pagan el primer cheque, y así sucesivamente. Después que abandona el empleo, aún recibirá el pago de una semana. El ajustarse a nuevo calendario de pagos podría ser difícil para usted, pero podrá ajustarse a él, siempre que planifique con anticipación. Es por eso que debe enterarse del calendario de pagos antes de aceptar el empleo.

¿A CUÁNTO ASCIENDEN TODOS SUS BENEFICIOS?

Después que haya preguntado acerca de todos los beneficios que acompañan a su nuevo empleo, tómese un momento para convertirlos en dólares de manera que pueda ver a cuánto asciende el total de la compensación. Recurra a la calculadora de beneficios (*Benefits Calculator*) en Salary.com para obtener alguna ayuda a la hora de hacer sus cálculos.

Su primer día de trabajo

Empiece con el pie derecho. Así como planificó para poder llegar a su entrevista a tiempo, repita ese plan en su primer día de trabajo. Cerciórese de que se ha vestido apropiadamente, y recuerde que es mejor pecar de demasiado conservador hasta que se sienta cómodo con la manera de funcionar de este nuevo lugar.

Cuando llegue a su nuevo trabajo, su empleador, o su supervisor, probablemente le harán un recorrido por la oficina. Debe enterarse dónde puede dejar sus objetos personales (tal vez le asignarán un escritorio o una casilla), donde se encuentran los baños, el salón de almorzar o de receso y otros lugares que no se relacionan directamente con el desempeño de su trabajo. (Probablemente le asignarán a un compañero de trabajo para que lo adiestre en tareas específicas).

En algún momento, del primer día o la primera semana, le pedirán que llene un montón de papeles. A continuación, describimos algunos documentos que traerá consigo, amén de su identificación personal u otros datos.

FORMULARIOS DE IMPUESTOS

Uno de los primeros papeles que le pedirán que llene serán los formularios de impuestos, más específicamente un formulario W-4. Todos los empleados en los EE.UU. pagan impuestos, y la manera en que llene estos formularios determina cuánto dinero le descontarán del cheque cada semana por concepto de impuestos. (Puede encontrar una copia del W-4 en el apéndice de este libro).

Una de las partes más confusas del W-4 es cuando le preguntan cuántos dependientes tiene, entre cero y cuatro. Cuantos más dependientes tenga, tanto menos dinero le descontarán de su cheque por concepto de impuestos. Pero si no pone cuidado, y no le quitan suficiente dinero para impuestos en cada pago, cuando haga su declaración de impuestos para el quince de abril, es probable que le deba dinero al gobierno.

Si tiene dos hijos, puede alegar que tiene dos dependientes. Si es casado con dos hijos, y su cónyuge depende de sus ingresos y no trabaja, puede alegar que tiene tres dependientes. Si su cónyuge trabaja, sólo puede alegar dos dependientes. También tiene la opción de contarse a sí mismo como dependiente.

Si no está seguro del número de dependientes, contemple el consultar a la persona que le preparó la declaración de impuestos. O peque por cauteloso e inclúyase usted y sus hijos. Puede tener ligeramente menos en su cheque, pero probablemente no tendrá que pagar impuestos adicionales el 15 de abril.

Tenga presente que también pueden pedirle que llene un formulario separado para los impuestos estatales, en dependencia del estado en que trabaje.

TRABAJAR EN ESTADOS UNIDOS

Después de los formularios de impuestos, le pedirán que presente los documentos que prueben que tiene derecho a trabajar en Estados Unidos.

La ley le exige a los empleadores que se cercioren de que sus empleados, hayan nacido o no en Estados Unidos, estén autorizados a trabajar en el país. A este fin, le pedirán que llene un formulario llamado I-9, el Formulario de Verificación de Derecho al Empleo. Trate de tener consigo todos los documentos de autorización requeridos. Los necesitará.

- Tarjeta de residente permanente (que también se conoce como Tarjeta del Extranjero Residente, Tarjeta de Registro de Residente Extranjero y Formulario I-551. Nota: aunque una tarjeta vencida no tiene valor, a un individuo no le pueden negar un empleo porque su tarjeta esté a punto de caducar).
- Dos formas de identificación, tales como:
  - Licencia de conducir o un documento de identidad con foto.
  - Otro documento de identidad con foto emitido por una oficina del gobierno federal, estatal o municipal.
  - Certificado de nacimiento
  - Pasaporte
  - Tarjeta del seguro social

El formulario I-9, que se encuentra en el apéndice de este libro, incluye una lista de documentos aceptables para probar el derecho a trabajar.

DEPÓSITO DIRECTO

Le pueden ofrecer la opción de que su pago sea depositado directamente en su cuenta bancaria. El depósito directo significa que su empleador enviará su cheque directamente a su banco, y el dinero estará disponible en su cuenta corriente el mismo día del pago. No tiene que usar el depósito directo, pero tiene ventajas. No tendrá que ir al banco a hacer depósitos, y su dinero estará disponible de inmediato.

Si quiere optar por el depósito directo, llamado también depósito automático, lleve un cheque en blanco anulado (sencillamente un cheque con la palabra VOID escrita a mano de un lado a otro del cheque de manera que nadie puede usarlo), su número de cuenta de banco (que se encuentra en los estados de cuenta o en sus cheques), el nombre, la dirección el número de teléfono y el número de identificación de su banco (o *routing number*). Este último no es más que el código que usan las instituciones financieras para asegurarse de que el dinero se entrega a los bancos correctos. Puede encontrar este número en sus cheques, impreso en la parte inferior izquierda. Si no está seguro, traiga un cheque consigo y la persona encargada de recursos humanos o de los beneficios en su compañía puede ayudarle.

Puede encontrar una muestra del formulario de depósito directo en el apéndice de este libro.

BENEFICIOS DE SEGURO DE VIDA

Si su empleador le ofrece beneficios de seguro de vida (en el cual su compañía paga por que usted tenga una póliza de seguro de vida a bajo o ningún costo), deberá aportar información sobre sus beneficiarios. Sus beneficiarios podrían ser su cónyuge, sus hijos, sus hermanos o sus padres: la persona o personas que usted quiera que reciba el dinero de la compañía de seguro en caso de que usted muera inesperadamente. Tendrá que proporcionar los nombres y direcciones de los beneficiarios.

BENEFICIOS DE SEGURO MÉDICO

Si su compañía le ofrece un seguro médico, tendrá que llenar algunos documentos para iniciarlo. Si el plan le ofrece cobertura a los miembros de la familia, también tendrá que dar sus nombres e información tal como edad y la relación que tienen con usted. Si es afortunado, puede tener la oportunidad de elegir entre unos cuantos planes diferentes. Probablemente tengan distintos beneficios y diferentes niveles de costo. Ya que los planes pueden variar mucho, pídale a su asesor de beneficios que le explique las diferencias.

BENEFICIOS DE JUBILACIÓN

Los beneficios de jubilación, tales como un plan 401(k) o 403(b), son su oportunidad de reservar dinero para el futuro. Si su compañía le ofrece un plan, aprovéchelo. Le pedirán que firme un contrato, decida con qué porcentaje de su salario quiere contribuir y escoja en qué tipo de inversiones quiere poner su dinero.

He aquí las bases sobre las que funcionan estos planes:

❑ Le permiten que separe dinero no grabado para la jubilación—en la mayoría de los planes no puede tener acceso al dinero sin multa hasta que llegue a la edad de 59½ años. El dinero no gravado es el dinero antes de que le sustraigan los impuestos. Por ejemplo, si tiene un salario de 30.000 dolares y ahorra 3.000 al año para su plan 401(k), su ingreso gravable para el año es de sólo 27.000 dólares. De manera que no sólo está ahorrando para su futuro, sino que está pagando menos impuestos en el presente.

❑ Otra ventaja es que el dinero que ahorre aumenta con impuestos diferidos. Eso significa que no tendrá que pagar impuestos por las ganancias de esa cuenta. Digamos que el primer año contribuye con 3.000 dólares a su cuenta, y las inversiones en la cuenta le ganaron 500 dólares. No tiene que pagar impuestos sobre esos 500 dólares hasta que los retire en su jubilación. Si invirtió los mismos 3.000 dólares en una cuenta ajena a un empleador, tal como un banco, tendría que pagar impuestos sobre esa ganancia de 500 dólares.

❑ La mayoría de los planes le permiten escoger entre varias opciones de inversión. Por lo general incluyen fondos mutualistas, que son inversiones que pueden comprar muchas acciones y bonos. Cuando usted tiene un fondo mutualista, puede poseer pequeños segmentos de todos esas acciones y bonos. Con el pasar del tiempo, la historia muestra que el mercado de acciones aumenta de valor. Algunos días sube, algunos días baja, pero promediadas a largo plazo, las acciones ganan dinero. Si es joven y aún está lejos de la jubilación, contemple el invertir en algunas de las inversiones más agresivas en su 401(k). Si es un trabajador más viejo, manténgase en una posición más conservadora porque teóricamente necesitará el dinero antes, si decide jubilarse. Su asesor de beneficios debe estar en capacidad de explicarle las diferentes opciones de que dispone.

❑ ¿Cuánto debe contribuir al plan? Ésa es una decisión muy personal. Por supuesto, necesita dinero para vivir hoy, pero si quiere planificar para el futuro, debería, y debe, aprovechar el plan de jubilación de su empleador. Es muy importante, que aun si es una cantidad pequeña, hasta 20 dólares por pago, deje algo en reserva. La mayoría de los planificadores financieros dicen que por lo menos uno debe contribuir lo suficiente para conseguir lo más que pueda de la equiparación de fondos del empleador.

Disfrute su éxito

Así, pues, ya lo ha conseguido. Está listo para empezar en un magnífico empleo nuevo con halagüeñas perspectivas para el porvenir. Acuérdese de lo duro que ha trabajado para llegar hasta aquí y muéstrele a su nuevo empleador que tomó la decisión correcta al elegirlo. ¡Disfrútelo!

Apéndice

Lista de verbos o de términos que expresan acción para usarlos en la redacción de las hojas de vida y de las cartas de presentación

Achieve	Lograr, alcanzar
Administer	Administrar
Advise	Asesorar
Analyze	Analizar
Apply	Solicitar
Arrange	Preparar, arreglar
Bolster	Apoyar, reforzar
Boost	Fomentar, incrementar
Budget	Hacer un presupuesto
Calculate	Calcular
Classify	Clasificar, agrupar
Communicate	Comunicar
Complete	Completar
Compute	Calcular
Coordinate	Coordinar
Conceptualize	Conceptuar
Create	Crear
Critique	Criticar
Delegate	Delegar
Deliver	Entregar, pronunciar
Design	Concebir, diseñar
Determine	Determinar
Develop	Desarrollar
Devise	Idear, inventar
Direct	Dirigir

Enlarge	Extender, alargar
Establish	Establecer
Evaluate	Evaluar
Execute	Ejecutar, llevar a cabo
Expand	Expandir
Formulate	Formular
Gather	Reunir, recopilar
Generate	Generar
Guide	Orientar
Implement	Cumplir, llevar a cabo
Improve	Mejorar
Initiate	Iniciar, comenzar
Institute	Instituir
Introduce	Presentar, introducir
Invent	Inventar
Issue	Emitir
Launch	Lanzar
Lead	Dirigir
Lobby	Cabildear
Manage	Dirigir, administrar
Negotiate	Negociar
Operate	Operar
Organize	Organizar
Overhaul	Examinar, reparar
Plan	Planear, planificar
Prepare	Preparar
Present	Presentar
Preside	Presidir
Program	Programar
Promote	Promover
Recommend	Recomendar
Reduce	Reducir
Regulate	Regular
Reorganize	Reorganizar
Research	Indagar, investigar

Review	Reseñar
Revise	Revisar
Schedule	Catalogar, fijar la hora
Select	Seleccionar
Solve	Resolver
Spearhead	Iniciar una campaña o un ataque
Strengthen	Fortalecer
Supervise	Supervisar
Systematize	Sistematizar
Teach	Enseñar
Test	Probar, examinar
Trace	Buscar, rastrear, descubrir
Train	Adiestrar, entrenar, preparar
Transform	Transformar
Trim	Reducir
Update	Actualizar
Utilize	Utilizar
Write	Escribir

Form W-4 (2006)

Purpose. Complete Form W-4 so that your employer can withhold the correct federal income tax from your pay. Because your tax situation may change, you may want to refigure your withholding each year.

Exemption from withholding. If you are exempt, complete only lines 1, 2, 3, 4, and 7 and sign the form to validate it. Your exemption for 2006 expires February 16, 2007. See Pub. 505, Tax Withholding and Estimated Tax.

Note. You cannot claim exemption from withholding if (a) your income exceeds $850 and includes more than $300 of unearned income (for example, interest and dividends) and (b) another person can claim you as a dependent on their tax return.

Basic instructions. If you are not exempt, complete the **Personal Allowances Worksheet** below. The worksheets on page 2 adjust your withholding allowances based on itemized deductions, certain credits, adjustments to income, or two-earner/two-job situations. Complete all worksheets that apply. However, you may claim fewer (or zero) allowances.

Head of household. Generally, you may claim head of household filing status on your tax return only if you are unmarried and pay more than 50% of the costs of keeping up a home for yourself and your dependent(s) or other qualifying individuals. See line E below.

Tax credits. You can take projected tax credits into account in figuring your allowable number of withholding allowances. Credits for child or dependent care expenses and the child tax credit may be claimed using the **Personal Allowances Worksheet** below. See Pub. 919, How Do I Adjust My Tax Withholding, for information on converting your other credits into withholding allowances.

Nonwage income. If you have a large amount of nonwage income, such as interest or dividends, consider making estimated tax payments using Form 1040-ES, Estimated Tax for Individuals. Otherwise, you may owe additional tax.

Two earners/two jobs. If you have a working spouse or more than one job, figure the total number of allowances you are entitled to claim on all jobs using worksheets from only one Form W-4. Your withholding usually will be most accurate when all allowances are claimed on the Form W-4 for the highest paying job and zero allowances are claimed on the others.

Nonresident alien. If you are a nonresident alien, see the Instructions for Form 8233 before completing this Form W-4.

Check your withholding. After your Form W-4 takes effect, use Pub. 919 to see how the dollar amount you are having withheld compares to your projected total tax for 2006. See Pub. 919, especially if your earnings exceed $130,000 (Single) or $180,000 (Married).

Recent name change? If your name on line 1 differs from that shown on your social security card, call 1-800-772-1213 to initiate a name change and obtain a social security card showing your correct name.

Personal Allowances Worksheet (Keep for your records.)

A Enter "1" for **yourself** if no one else can claim you as a dependent . . . . **A** ____

B Enter "1" if:
- You are single and have only one job; or
- You are married, have only one job, and your spouse does not work; or
- Your wages from a second job or your spouse's wages (or the total of both) are $1,000 or less.
. . . **B** ____

C Enter "1" for your **spouse.** But, you may choose to enter "-0-" if you are married and have either a working spouse or more than one job. (Entering "-0-" may help you avoid having too little tax withheld.) . . . . **C** ____

D Enter number of **dependents** (other than your spouse or yourself) you will claim on your tax return . . . . **D** ____

E Enter "1" if you will file as **head of household** on your tax return (see conditions under **Head of household** above) . **E** ____

F Enter "1" if you have at least $1,500 of **child or dependent care expenses** for which you plan to claim a credit . **F** ____

(Note. Do **not** include child support payments. See **Pub. 503,** Child and Dependent Care Expenses, for details.)

G **Child Tax Credit** (including additional child tax credit):
- If your total income will be less than $55,000 ($82,000 if married), enter "2" for each eligible child.
- If your total income will be between $55,000 and $84,000 ($82,000 and $119,000 if married), enter "1" for each eligible child plus "1" **additional** if you have four or more eligible children.
. . . . **G** ____

H Add lines A through G and enter total here. (**Note.** This may be different from the number of exemptions you claim on your tax return.) ▶ **H** _____

For accuracy, complete all worksheets that apply.
- If you plan to **itemize or claim adjustments to income** and want to reduce your withholding, see the **Deductions and Adjustments Worksheet** on page 2.
- If you have **more than one job** or are **married and you and your spouse both work** and the combined earnings from all jobs exceed $35,000 ($25,000 if married) see the **Two-Earner/Two-Job Worksheet** on page 2 to avoid having too little tax withheld.
- If **neither** of the above situations applies, **stop here** and enter the number from line H on line 5 of Form W-4 below.

Cut here and give Form W-4 to your employer. Keep the top part for your records.

Form **W-4**
Department of the Treasury
Internal Revenue Service

Employee's Withholding Allowance Certificate

▶ **Whether you are entitled to claim a certain number of allowances or exemption from withholding is subject to review by the IRS. Your employer may be required to send a copy of this form to the IRS.**

OMB No. 1545-0074

2006

1 Type or print your first name and middle initial.   Last name

2 Your social security number

Home address (number and street or rural route)

3 ☐ Single ☐ Married ☐ Married, but withhold at higher Single rate.
Note. If married, but legally separated, or spouse is a nonresident alien, check the "Single" box.

City or town, state, and ZIP code

4 If your last name differs from that shown on your social security card, check here. You must call 1-800-772-1213 for a new card. ▶ ☐

5 Total number of allowances you are claiming (from line **H** above **or** from the applicable worksheet on page 2) **5**

6 Additional amount, if any, you want withheld from each paycheck . . . . **6** $

7 I claim exemption from withholding for 2006, and I certify that I meet **both** of the following conditions for exemption.
- Last year I had a right to a refund of **all** federal income tax withheld because I had **no** tax liability **and**
- This year I expect a refund of **all** federal income tax withheld because I expect to have **no** tax liability.
If you meet both conditions, write "Exempt" here . . . . ▶ **7**

Under penalties of perjury, I declare that I have examined this certificate and to the best of my knowledge and belief, it is true, correct, and complete.

Employee's signature
(Form is not valid
unless you sign it.) ▶   Date ▶

8 Employer's name and address (Employer: Complete lines 8 and 10 only if sending to the IRS.)   **9** Office code (optional)   **10** Employer identification number (EIN)

For Privacy Act and Paperwork Reduction Act Notice, see page 2.   Cat. No. 10220Q   Form **W-4** (2006)

Form W-4 (2006)

Deductions and Adjustments Worksheet

Note. Use this worksheet *only* if you plan to itemize deductions, claim certain credits, or claim adjustments to income on your 2006 tax return.

1. Enter an estimate of your 2006 itemized deductions. These include qualifying home mortgage interest, charitable contributions, state and local taxes, medical expenses in excess of 7.5% of your income, and miscellaneous deductions. (For 2006, you may have to reduce your itemized deductions if your income is over $150,500 ($75,250 if married filing separately). See *Worksheet 3* in Pub. 919 for details.) . . . . **1** $ _____

2. Enter: { $10,300 if married filing jointly or qualifying widow(er)
   $ 7,550 if head of household
   $ 5,150 if single or married filing separately } . . . . **2** $ _____

3. **Subtract** line 2 from line 1. If line 2 is greater than line 1, enter "-0-" . . . . **3** $ _____

4. Enter an estimate of your 2006 adjustments to income, including alimony, deductible IRA contributions, and student loan interest . . . . **4** $ _____

5. **Add** lines 3 and 4 and enter the total. (Include any amount for credits from *Worksheet 7* in Pub. 919) . . . . **5** $ _____

6. Enter an estimate of your 2006 nonwage income (such as dividends or interest) . . . . **6** $ _____

7. **Subtract** line 6 from line 5. Enter the result, but not less than "-0-" . . . . **7** $ _____

8. **Divide** the amount on line 7 by $3,300 and enter the result here. Drop any fraction . . . . **8** _____

9. Enter the number from the **Personal Allowances Worksheet**, line H, page 1 . . . . **9** _____

10. **Add** lines 8 and 9 and enter the total here. If you plan to use the **Two-Earner/Two-Job Worksheet**, also enter this total on line 1 below. Otherwise, **stop here** and enter this total on Form W-4, line 5, page 1 . . . . **10** _____

Two-Earner/Two-Job Worksheet (See *Two earners/two jobs* on page 1.)

Note. Use this worksheet *only* if the instructions under line H on page 1 direct you here.

1. Enter the number from line H, page 1 (or from line 10 above if you used the **Deductions and Adjustments Worksheet**) . . . . **1** _____

2. Find the number in **Table 1** below that applies to the **LOWEST** paying job and enter it here . . . . **2** _____

3. If line 1 is **more than or equal to** line 2, subtract line 2 from line 1. Enter the result here (if zero, enter "-0-") and on Form W-4, line 5, page 1. **Do not** use the rest of this worksheet . . . . **3** _____

Note. If line 1 is *less than* line 2, enter "-0-" on Form W-4, line 5, page 1. Complete lines 4–9 below to calculate the additional withholding amount necessary to avoid a year-end tax bill.

4. Enter the number from line 2 of this worksheet . . . . **4** _____

5. Enter the number from line 1 of this worksheet . . . . **5** _____

6. **Subtract** line 5 from line 4 . . . . **6** _____

7. Find the amount in **Table 2** below that applies to the **HIGHEST** paying job and enter it here . . . . **7** $ _____

8. **Multiply** line 7 by line 6 and enter the result here. This is the additional annual withholding needed . . . . **8** $ _____

every two weeks and you complete this form in December 2005. Enter the result here and on Form W-4, line 6, page 1. This is the additional amount to be withheld from each paycheck . . . . . 9 $

Table 1: Two-Earner/Two-Job Worksheet

Married Filing Jointly

If wages from HIGHEST paying job are—	AND, wages from LOWEST paying job are—	Enter on line 2 above	If wages from HIGHEST paying job are—	AND, wages from LOWEST paying job are—	Enter on line 2 above
$0 - $42,000	$0 - $4,500	0	$42,001 and over	32,001 - 38,000	6
	4,501 - 9,000	1		38,001 - 46,000	7
	9,001 - 18,000	2		46,001 - 55,000	8
	18,001 and over	3		55,001 - 60,000	9
$42,001 and over	$0 - $4,500	0		60,001 - 65,000	10
	4,501 - 9,000	1		65,001 - 75,000	11
	9,001 - 18,000	2		75,001 - 95,000	12
	18,001 - 22,000	3		95,001 - 105,000	13
	22,001 - 26,000	4		105,001 - 120,000	14
	26,001 - 32,000	5		120,001 and over	15

All Others

If wages from LOWEST paying job are—	Enter on line 2 above
$0 - $6,000	0
6,001 - 12,000	1
12,001 - 19,000	2
19,001 - 26,000	3
26,001 - 35,000	4
35,001 - 50,000	5
50,001 - 65,000	6
65,001 - 80,000	7
80,001 - 90,000	8
90,001 - 120,000	9
120,001 and over	10

Table 2: Two-Earner/Two-Job Worksheet

Married Filing Jointly

If wages from HIGHEST paying job are—	Enter on line 7 above
$0 - $60,000	$500
60,001 - 115,000	830
115,001 - 165,000	920
165,001 - 290,000	1,090
290,001 and over	1,160

All Others

If wages from HIGHEST paying job are—	Enter on line 7 above
$0 - $30,000	$500
30,001 - 75,000	830
75,001 - 145,000	920
145,001 - 330,000	1,090
330,001 and over	1,160

Privacy Act and Paperwork Reduction Act Notice. We ask for the information on this form to carry out the Internal Revenue laws of the United States. The Internal Revenue Code requires this information under sections 3402(f)(2)(A) and 6109 and their regulations. Failure to provide a properly completed form will result in your being treated as a single person who claims no withholding allowances; providing fraudulent information may also subject you to penalties. Routine uses of this information include giving it to the Department of Justice for use in administering their tax laws, and using it in the the District of Columbia for use in administering their tax laws, and using it in the National Directory of New Hires. We may also disclose this information to other countries under a tax treaty, to federal and state agencies to enforce federal nontax criminal laws, or to federal law enforcement and intelligence agencies to combat terrorism.

You are not required to provide the information requested on a form that is subject to

the Paperwork Reduction Act unless the form displays a valid OMB control number. Books or records relating to a form or its instructions must be retained as long as their contents may become material in the administration of any Internal Revenue law. Generally, tax returns and return information are confidential, as required by Code section 6103.

The average time and expenses required to complete and file this form will vary depending on individual circumstances. For estimated averages, see the instructions for your income tax return.

If you have suggestions for making this form simpler, we would be happy to hear from you. See the instructions for your income tax return.

 Printed on recycled paper

Department of Homeland Security
U.S. Citizenship and Immigration Services

OMB No. 1615-0047; Expires 03/31/07

Employment Eligibility Verification

INSTRUCTIONS

PLEASE READ ALL INSTRUCTIONS CAREFULLY BEFORE COMPLETING THIS FORM.

Anti-Discrimination Notice. It is illegal to discriminate against any individual (other than an alien not authorized to work in the U.S.) in hiring, discharging, or recruiting or referring for a fee because of that individual's national origin or citizenship status. It is illegal to discriminate against work eligible individuals. Employers **CANNOT** specify which document(s) they will accept from an employee. The refusal to hire an individual because of a future expiration date may also constitute illegal discrimination.

Section 1 - Employee. All employees, citizens and
noncitizens, hired after November 6, 1986, must complete Section 1 of this form at the time of hire, which is the actual beginning of employment. **The employer is responsible for ensuring that Section 1 is timely and properly completed.**

Preparer/Translator Certification. The Preparer/Translator Certification must be completed if Section 1 is prepared by a person other than the employee. A preparer/translator may be used only when the employee is unable to complete Section 1 on his/her own. However, the employee must still sign Section 1 personally.

Section 2 - Employer. For the purpose of completing this
form, the term "employer" includes those recruiters and referrers for a fee who are agricultural associations, agricultural employers or farm labor contractors.

Employers must complete Section 2 by examining evidence of identity and employment eligibility within three (3) business days of the date employment begins. If employees are authorized to work, but are unable to present the required document(s) within three business days, they must present a receipt for the application of the document(s) within three business days and the actual document(s) within ninety (90) days. However, if employers hire individuals for a duration of less than three business days, Section 2 must be

- examine any document that reflects that the employee is authorized to work in the U.S. (see List A or C),

- record the document title, document number and expiration date (if any) in Block C, and

- complete the signature block.

Photocopying and Retaining Form I-9. A blank I-9 may be reproduced, provided both sides are copied. The Instructions must be available to all employees completing this form. Employers must retain completed I-9s for three (3) years after the date of hire or one (1) year after the date employment ends, whichever is later.

For more detailed information, you may refer to the Department of Homeland Security (DHS) Handbook for Employers, (Form M-274). You may obtain the handbook at your local U.S. Citizenship and Immigration Services (USCIS) office.

Privacy Act Notice. The authority for collecting this information is the Immigration Reform and Control Act of 1986, Pub. L. 99-603 (8 USC 1324a).

This information is for employers to verify the eligibility of individuals for employment to preclude the unlawful hiring, or recruiting or referring for a fee, of aliens who are not authorized to work in the United States.

completed at the time employment begins. **Employers must record: 1)** document title; **2)** issuing authority; **3)** document number; **4)** expiration date, if any; and **5)** the date employment begins. Employers must sign and date the certification. Employees must present original documents. Employers may, but are not required to, photocopy the document(s) presented. These photocopies may only be used for the verification process and must be retained with the I-9. **However, employers are still responsible for completing the I-9.**

Section 3 - Updating and Reverification. Employers

must complete Section 3 when updating and/or reverifying the I-9. Employers must reverify employment eligibility of their employees on or before the expiration date recorded in Section 1. Employers **CANNOT** specify which document(s) they will accept from an employee.

- If an employee's name has changed at the time this form is being updated/reverified, complete Block A.

- If an employee is rehired within three (3) years of the date this form was originally completed and the employee is still eligible to be employed on the same basis as previously indicated on this form (updating), complete Block B and the signature block.

- If an employee is rehired within three (3) years of the date this form was originally completed and the employee's work authorization has expired **or** if a current employee's work authorization is about to expire (reverification), complete Block B and:

This information will be used by employers as a record of their basis for determining eligibility of an employee to work in the United States. The form will be kept by the employer and made available for inspection by officials of the U.S. Immigration and Customs Enforcement, Department of Labor and Office of Special Counsel for Immigration Related Unfair Employment Practices.

Submission of the information required in this form is voluntary. However, an individual may not begin employment unless this form is completed, since employers are subject to civil or criminal penalties if they do not comply with the Immigration Reform and Control Act of 1986.

Reporting Burden. We try to create forms and instructions that are accurate, can be easily understood and which impose the least possible burden on you to provide us with information. Often this is difficult because some immigration laws are very complex. Accordingly, the reporting burden for this collection of information is computed as follows: **1)** learning about this form, 5 minutes; **2)** completing the form, 5 minutes; and **3)** assembling and filing (recordkeeping) the form, 5 minutes, for an average of 15 minutes per response. If you have comments regarding the accuracy of this burden estimate, or suggestions for making this form simpler, you can write to U.S. Citizenship and Immigration Services, Regulatory Management Division, 111 Massachuetts Avenue, N.W., Washington, DC 20529. OMB No. 1615-0047.

NOTE: This is the 1991 edition of the Form I-9 that has been rebranded with a current printing date to reflect the recent transition from the INS to DHS and its components.

Form I-9 (Rev. 05/31/05)Y

EMPLOYERS MUST RETAIN COMPLETED FORM I-9
PLEASE DO NOT MAIL COMPLETED FORM I-9 TO ICE OR USCIS

Department of Homeland Security
U.S. Citizenship and Immigration Services

OMB No. 1615-0047; Expires 03/31/07

Employment Eligibility Verification

Please read instructions carefully before completing this form. The instructions must be available during completion of this form. ANTI-DISCRIMINATION NOTICE: It is illegal to discriminate against work eligible individuals. Employers CANNOT specify which document(s) they will accept from an employee. The refusal to hire an individual because of a future expiration date may also constitute illegal discrimination.

Section 1. Employee Information and Verification. To be completed and signed by employee at the time employment begins.

Print Name: Last	First	Middle Initial	Maiden Name

Address (Street Name and Number)	Apt. #	Date of Birth (month/day/year)

City	State	Zip Code	Social Security #

I attest, under penalty of perjury, that I am (check one of the following):

☐ A citizen or national of the United States
☐ A Lawful Permanent Resident (Alien #) A ____
☐ An alien authorized to work until ____
(Alien # or Admission #)

I am aware that federal law provides for imprisonment and/or fines for false statements or use of false documents in connection with the completion of this form.

Employee's Signature	Date (month/day/year)

Preparer and/or Translator Certification. (To be completed and signed if Section 1 is prepared by a person other than the employee.) I attest, under penalty of perjury, that I have assisted in the completion of this form and that to the best of my knowledge the information is true and correct.

Preparer's/Translator's Signature	Print Name

Address (Street Name and Number, City, State, Zip Code)	Date (month/day/year)

Section 2. Employer Review and Verification. To be completed and signed by employer. Examine one document from List A OR examine one document from List B and one from List C, as listed on the reverse of this form, and record the title, number and expiration date, if any, of the document(s).

List A	OR	List B	AND	List C

Document title: _____

Issuing authority: _____

Document #: _____

Expiration Date (if any): _____

Document #: _____

Expiration Date (if any): _____

CERTIFICATION - I attest, under penalty of perjury, that I have examined the document(s) presented by the above-named employee, that the above-listed document(s) appear to be genuine and to relate to the employee named, that the employee began employment on (month/day/year) _____ and that to the best of my knowledge the employee is eligible to work in the United States. (State employment agencies may omit the date the employee began employment.)

Signature of Employer or Authorized Representative	Print Name	Title

Business or Organization Name	Address (Street Name and Number, City, State, Zip Code)	Date (month/day/year)

Section 3. Updating and Reverification. To be completed and signed by employer.

A. New Name (if applicable)		B. Date of Rehire (month/day/year) (if applicable)

C. If employee's previous grant of work authorization has expired, provide the information below for the document that establishes current employment eligibility.   Document Title: _____   Document #: _____   Expiration Date (if any): _____

I attest, under penalty of perjury, that to the best of my knowledge, this employee is eligible to work in the United States, and if the employee presented document(s), the document(s) I have examined appear to be genuine and to relate to the individual.

Signature of Employer or Authorized Representative	Date (month/day/year)

NOTE: This is the 1991 edition of the Form I-9 that has been rebranded with a current printing date to reflect the recent transition from the INS to DHS and its components.

Form I-9 (Rev. 05/31/05)Y Page 2

LISTS OF ACCEPTABLE DOCUMENTS

LIST A		LIST B		LIST C
Documents that Establish Both Identity and Employment Eligibility	**OR**	**Documents that Establish Identity**	**AND**	**Documents that Establish Employment Eligibility**

LIST A — Documents that Establish Both Identity and Employment Eligibility

1. U.S. Passport (unexpired or expired)
2. Certificate of U.S. Citizenship (Form N-560 or N-561)
3. Certificate of Naturalization (Form N-550 or N-570)
4. Unexpired foreign passport, with I-551 stamp or attached Form I-94 indicating unexpired employment authorization
5. Permanent Resident Card or Alien Registration Receipt Card with photograph (Form I-151 or I-551)

LIST B — Documents that Establish Identity

1. Driver's license or ID card issued by a state or outlying possession of the United States provided it contains a photograph or information such as name, date of birth, gender, height, eye color and address
2. ID card issued by federal, state or local government agencies or entities, provided it contains a photograph or information such as name, date of birth, gender, height, eye color and address
3. School ID card with a photograph
4. Voter's registration card
5. U.S. Military card or draft record

LIST C — Documents that Establish Employment Eligibility

1. U.S. social security card issued by the Social Security Administration (other than a card stating it is not valid for employment)
2. Certification of Birth Abroad issued by the Department of State (Form FS-545 or Form DS-1350)
3. Original or certified copy of a birth certificate issued by a state, county, municipal authority or outlying possession of the United States bearing an official seal

6. Unexpired Temporary Resident Card (*Form I-688*)

7. Unexpired Employment Authorization Card (*Form I-688A*)

8. Unexpired Reentry Permit (*Form 1-327*)

9. Unexpired Refugee Travel Document (*Form 1-571*)

10. Unexpired Employment Authorization Document issued by DHS that contains a photograph (*Form I-688B*)

6. Military dependent's ID card

7. U.S. Coast Guard Merchant Mariner Card

8. Native American tribal document

9. Driver's license issued by a Canadian government authority

For persons under age 18 who are unable to present a document listed above:

10. School record or report card

11. Clinic, doctor or hospital record

12. Day-care or nursery school record

4. Native American tribal document

5. U.S. Citizen ID Card (*Form I-197*)

6. ID Card for use of Resident Citizen in the United States (*Form I-179*)

7. Unexpired employment authorization document issued by DHS (*other than those listed under List A*)

Illustrations of many of these documents appear in Part 8 of the Handbook for Employers (M-274)

Fermilab

Femi National Accelerator Laboratory
P.O. Box • 500 • Batavia, Illinois • 60510

DIRECT DEPOSIT

PLEASE INDICATE: CHANGE: _____   *NEW ENROLLEE:* _____

IMPORTANT: By Providing the information below, all prior authorizations are voided

Employee Pay Group
WEEKLY   MONTHLY
(Circle One)

Department Name/Address (Optional)

Effective Date

Employee ID

Employee Name

1) *Financial Institution (Bank Routing No.)*   *Account Number*   Savings Account ☐   Checking Account ☐   *ACCT AMT/PCT*

2) *Financial Institution (Bank Routing No.)*   *Account Number*   Savings Account ☐   Checking Account ☐   *ACCT AMT/PCT*

3) *Financial Institution (Bank Routing No.)*   *Account Number*   Savings Account ☐   Checking Account ☐   *ACCT AMT/PCT*

3) *Argonne Credit Union (Bank Routing No.)*   271975388   *Account Number*   Savings Account ☐   Checking Account ☐   *ACCT AMT/PCT* •

NOTE: If one financial institution/account is entered, your total net pay will be deposited there. If you want to split your net pay, enter each financial institution's ID's, account numbers, and the amount of percent of net pay to be deposited to each financial institution. The balance of net pay will be deposited to the first financial institution if not indicated.

* For the convenience of Argonne Credit Union Members:
  Loan and Savings must be indicated in the Savings Box

ATTACH VOIDED BLANK CHECK(S) HERE

I HEREBY AUTHORIZE MY EMPLOYER TO INITIATE CREDIT ENTRIES AND TO INITIATE IF NECESSARY DEBIT ENTRIES AND ADJUSTMENTS FOR ANY CREDIT ENTRIES IN ERROR TO MY (OUR) CHECKING AND/OR SAVINGS ACCOUNT INDICATED ABOVE AND THE DEPOSITORIES NAMED ABOVE, EACH HERE INAFTER CALLED DEPOSITORY, TO CREDIT AND/OR DEBIT THE SAME TO SUCH ACCOUNT(S).

Date: _____   Signed: _____

PLEASE RETURN TO PAYROLL DEPARTMENT MS 110

Prepared by CJA   Rev. 04/21/00

DDFORM#2000.XLS

Payroll Records Update

Reconocimientos

Como siempre hay muchas personas a quienes darles las gracias, pero en primer lugar a Karin Mueller, que se ha convertido en una formidable asociada en este proyecto. A Arlene Cruz-Larsen por alguna cooperación administrativa, y a Priscilla Rodríguez y Tanya Bird que son profesionales de Nueva Esperanza y ayudan a muchas personas a encontrar su primer o su próximo empleo. Mi familia, como es usual, se echa a un lado y me deja hacer mi trabajo, gracias a todos ellos. A la buena gente de Atria Books, que tan pacientes se han mostrado con mi trabajo, gracias. Especial gratitud a Johanna Castillo y Amy Tannenbaum por su aliento y ayuda.

Sobre los autores

El reverendo Luis Cortés Jr. es el presidente y director ejecutivo de Esperanza USA, la mayor corporación hispana de orientación religiosa para el desarrollo comunitario que existe en el país. En enero de 2005, la revista *Time* lo destacó como uno de los «25 líderes evangélicos más influyentes».

Karin Price Mueller es una escritora premiada y productora de televisión. Es columnista sobre temas de finanzas personales para *The Star-Ledger,* el periódico de mayor circulación en Nueva Jersey, y frecuente colaboradora de varias revistas, entre ellas *Ladies' Home Journal.* Mueller es la autora de *Online Money Management* (Microsoft Press 2001). Comenzó su carrera en la televisión como productora para CNBC y CNN-f. Vive en Nueva Jersey con su marido, tres hijos, un perro y dos salamanquesas.